한 끗 차이

일본어 발음

링고야 지음
고토 아유미 감수

당신의 일본어는 왜 한국어처럼 들릴까요?

동양북스

일본어 발음

당신의 일본어는 왜 한국어처럼 들릴까요?

초판 1쇄 인쇄 | 2026년 4월 7일
초판 1쇄 발행 | 2026년 4월 22일

지은이 | 링고야
감수 | 고토 아유미
발행인 | 김태웅
기획 편집 | 이서인
디자인 | 김지혜
일러스트 | 시농
마케팅 총괄 | 김철영
온라인 마케팅 | 신아연
제작 | 현대순

발행처 | (주)동양북스
등록 | 제 2014-000055호
주소 | 서울시 마포구 동교로22길 14 (04030)
구입 문의 | 전화 (02)337-1737   팩스 (02)334-6624
내용 문의 | 전화 (02)337-1762   이메일 dymg98@naver.com

ISBN 979-11-7210-183-1 13730

머리말

　"일본어 잘하시네요!"라는 말보다, "일본인인 줄 알았어요!"라는 말을 듣고 싶은 적 있으신가요?

　일본인처럼 자연스럽고 유창하게 일본어로 말하기를 꿈꿔 본 적 있을 거예요. 하지만 막상 말하면 어딘가 어색하다는 반응에 마음이 무너진 순간. 말을 해도 통하지 않아 답답했던 기억. 혼자 연습하다가 '이건 왜 이렇게 발음하는 거지?' '뭐가 잘못된 거지?' '이렇게 해서 좋아지긴 하는 걸까?'하는 물음표가 머릿속에 가득했던 시간들. 그럴 때마다 '누가 알려줬으면 좋겠다…'라는 생각 한 번쯤 해 보셨을 거예요. 이 책은 그런 고민을 가진 모든 일본어 학습자를 위한 책이에요. 저 역시 같은 고민을 겪었어요. 다년간 일본어를 공부해 온 덕분에 일본 친구와 대화하는 데 큰 어려움은 없던 때, 문득 생각이 들었죠.

　"알아듣고 말하는 건 되는데… 이대로 괜찮을까?" "초급 때는 실력이 나날이 는 것 같은데, 지금은 오히려 실력이 정체된 것 같아." "지금보다 더 잘하고 싶어! 이왕 하는 거 끝까지, 제대로 공부해서 진짜 일본인처럼 말해 보고 싶어!"

　이런 마음이 커질수록 자연스레 '발음'이라는 주제에 눈이 갔어요. 돌이켜 보니 그동안은 단어를 늘리고, 문법을 틀리지 않게 말하는 데 집중했지, 정작 **어떻게 소리 내야 자연스러운지**는 거의 의식하지 못 했더라고요. 이때껏 나에게 가장 부족했던 공부, 내 일본어가 어딘가 어색했던 이유가 바로 '발음'이라는 걸 깨닫고, 발음까지 제대로 일본인처럼 해보자고 다짐했어요.

이 책을 읽고 계신 여러분도 일본어를 진심으로 좋아하고 계속해서 잘하고 싶다는 마음, 단어와 문법만으로는 부족하다는 걸 느끼고 이제는 '소리'에도 진지하게 다가가고 싶은 마음이 있으시리라 생각해요. 하지만 막상 발음을 공부하려고 하면 이런 생각이 따라오죠.

'뭐부터 어떻게 시작해야 할지 모르겠어요.'

'이게 맞게 하고 있는 건지도 헷갈려요.'

그런 막막함에서 벗어나, 일본어 발음의 기반을 하나하나 다지고, 자연스럽게 말할 수 있는 감각을 만들어 갈 수 있도록 준비했어요. '왜 내 발음이 어색하게 들릴까?', '어떻게 연습하면 더 자연스러워질까?' 이런 질문들에 대한 실마리를 이 책을 통해 하나씩 찾아 가실 수 있을 거예요. 지금까지는 감에 의존해 연습해 왔다면, 이제는 이 책이 내 발음을 조금 더 객관적으로 바라보고, 천천히 나만의 속도로 다듬어 갈 수 있는 출발점이 되어 줄 거예요. 물론 책 한 권으로 발음을 완벽하게 바꾸기는 어려워요. 하지만 저는 믿어요.

'어, 이거 내가 궁금했던 거였어.'

'아, 그래서 내 발음이 어색했구나.'

'이렇게 하면 되는구나.'

이런 작은 깨달음 하나하나가 일본어를 더 일본어답게 만들어 가는 튼튼한 발판이 될 거라는 것을요.

이 책은 자세한 발음 원리 설명은 물론, 최대한 많이 듣고 직접 따라 말할 수 있는 기회를 마련해 인풋에 머무르지 않고, 능동적으로 말하며 익힐 수 있는 아웃풋 연습까지 연결될 수 있도록 구성했어요.

여러분이 이 책을 다 읽고 난 뒤

"일본어를 뜻뿐만 아니라 소리에도 신경 쓰면서 듣고 따라 하게 되었어요."
"일본어 발음, 어떻게 공부하고 접근해야 할지 알겠어요."
"발음이 헷갈릴 때는 이 책을 다시 펼치면 되겠다는 든든함이 생겼어요."

이런 말을 해 주신다면 저는 더 바랄 게 없을 거예요.

일본어를 더 일본어답게. 그리고 더 '나답게'.

자연스러운 발음은 단지 소리만의 문제가 아니라, 내 생각과 감정을 당당하고 자신 있게 표현하기 위한 첫걸음이에요. 물론 이를 위해 사람마다 우선적으로 채워야 할 부분은 다르고, 발음이 일본어 말하기의 전부는 아니에요. 하지만 자연스러운 일본어 말하기에 발음은 결코 빠질 수 없는 필수 요소랍니다. 일본어 발음 공부가 제자리걸음하는 것 같았던 여러분의 일본어 공부에 활력을 불어넣어 주고, 일본어를 새롭게 알아 가는 재미와 일본어 말하기에 자신감을 가져다줄 거예요. 이 책이 여러분의 자연스러운 일본어 말하기 여정에 든든한 버팀목이 되길 바랍니다.

링고야

이 책의 구성

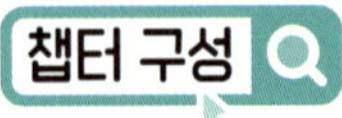

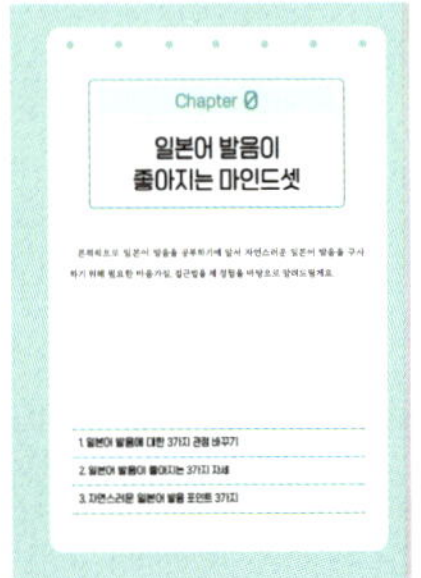

Chapter 0

일본어 발음에 대한 사고방식 체인지

Chapter 1   Chapter 2
Chapter 3   Chapter 4

일본어 박자, 발음, 악센트,
인토네이션에 대한 원리 공부

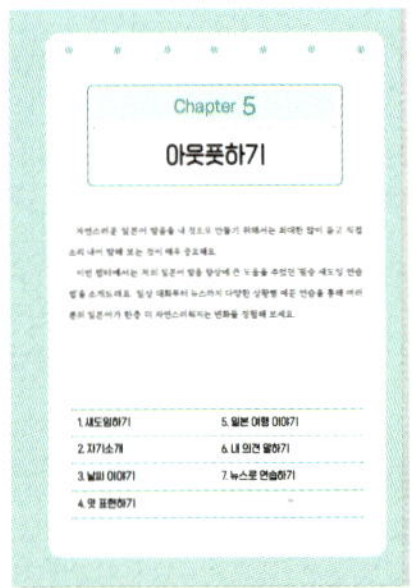

Chapter 5

실제 일상 회화, 독백, 뉴스 등 다양한 상황에서 섀도잉 연습

📻 들어 보세요

각 과의 구체적인 설명을 하기 전, 직접 귀로 캐치해 보는 파트예요.

🔍 자세히 알아봐요

친절하고 구체적인 설명, 예문, MP3와 함께 발음 원리 포인트에 대해서 머리로 이해하고 귀로 듣고 입으로 표현해 보는 파트예요.

📢 듣고 따라 해 보세요

네이티브의 음성을 듣고 따라 해 보는 파트예요.

🗣 연습해 보세요

배운 내용을 제대로 익혔는지 스스로 연습해 보는 파트예요.

🔍 더 알아봐요 · · ·

이번 과에서 학습한 내용에 추가 · 심화적인 내용을 다루는 파트예요.

🏖 쉬어 가요 · · ·

저자의 재미있는 경험담과 유용한 팁을 읽으며 머리를 식힐 수 있는 파트예요.

목차

🍎 **머리말**　　　⋯03p

🍎 **이 책의 구성**　　　⋯06p

🍎 **목차**　　　⋯08p

🍎 **일러두기**　　　⋯10p

Chapter 0　일본어 발음이 좋아지는 마인드셋

1. 일본어 발음에 대한 37가지 관점 바꾸기　　⋯12p

2. 일본어 발음이 좋아지는 37가지 자세　　⋯16p

3. 자연스러운 일본어 발음 포인트 37가지　　⋯19p

Chapter 1　일본어의 박자

1. 일본어 박자 기본 개념　　⋯22p

2. 주의해야 할 박자 37가지　　⋯24p

Chapter 2　히라가나 발음

1. 모음(あいうえお)　　⋯36p

2. つ　　⋯39p

3. 탁음　　⋯42p

4. ざ, ぜ, ぞ　　⋯47p

5. は행　　⋯49p

6. 모음의 무성화　　⋯51p

7. 장음　　⋯54p

8. 촉음 (っ・ッ)　　⋯57p

9. 발음 (ん・ン)　　⋯60p

10. 외래어 발음　　⋯67p

Chapter 3 일본어의 악센트

1. 자연스러운 악센트를 익히는 3가지 요소 ··· 74p

2. 일본어 악센트 기본 개념 ··· 77p

3. 악센트 캐치, 표현 감각 기르기 ··· 84p

4. 동사의 악센트 기본 패턴 ··· 91p

5. い형용사의 악센트 기본 패턴 ··· 104p

6. 복합명사의 악센트 기본 패턴 ··· 113p

Chapter 4 일본어의 인토네이션

1. 일본어 인토네이션 기본 개념 ··· 120p

2. 감정, 의도를 나타내는 인토네이션 ··· 128p

3. 강조하기 ··· 136p

4. 끊어 읽기 ··· 139p

Chapter 5 아웃풋 하기

1. 섀도잉하기 ··· 144p

2. 자기소개 ··· 154p

3. 날씨 이야기 ··· 158p

4. 맛 표현하기 ··· 162p

5. 일본 여행 이야기 ··· 166p

6. 내 의견 말하기 ··· 170p

7. 뉴스로 연습하기 ··· 174p

정답 및 해석 ··· 191p

별책 부록 [악센트 가이드 핸드북]

1. Track이 나올 때마다 듣고 따라 하세요. 가능하다면 꼭 녹음해서 여러분의 일본어를 직접 들어 보고 네이티브 음성과 비교해 보세요. 그저 따라 하는 것과 녹음해서 직접 내 목소리를 들어 보는 것과는 천지 차이!

2. 책에서 설명하는 모든 내용은 동경 공통어 기준이에요. 공통어(도쿄 방언) 기준으로 하는 이유는 서울 표준어와 마찬가지로, 전국적으로 누구에게나 통하는 기본적인(표준적인) 발음이기 때문이에요.

3. 악센트 역시 공통어 악센트를 기준으로 설명해요. 다만 언어는 살아 있는 것이기에 시대나 세대에 따라 조금씩 변화하기도 해요. 이 책에서는 일본인이 들었을 때 어색함이나 오해 없이 소통할 수 있는, 보편적이고 기본적인 악센트 패턴을 알려 드려요.

✅ 기본적인 악센트 흐름을 알고 말하면, 여러분의 일본어는 훨씬 더 일본어답게 들릴 거예요. 기본 뼈대를 튼튼히 세워두면, 실전에서 조금 다른 악센트를 만나더라도 중심을 잃지 않고 안정적으로 말할 수 있어요.

일본어 발음이
좋아지는 마인드셋

본격적으로 일본어 발음을 공부하기에 앞서 자연스러운 일본어 발음을 구사하기 위해 필요한 마음가짐, 접근법을 제 경험을 바탕으로 알려드릴게요.

1. 일본어 발음에 대한 3가지 관점 바꾸기

2. 일본어 발음이 좋아지는 3가지 자세

3. 자연스러운 일본어 발음 포인트 3가지

1. 일본어 발음에 대한 3가지 관점 바꾸기

자연스러운 일본어 발음을 구사하기 위해서 먼저 다음 3가지 관점을 바꿔보아요.

| 일본에 살지 않는 이상 좋아질 수 없는 거 아닌가? |

일본 거주만이 답은 아닙니다!

아래는 실제 제 유튜브에 달린 댓글이에요. 이와 같이 일본에 거주하는 분 중에도 일본어 발음에 어려움을 호소하시는 분들이 많아요.

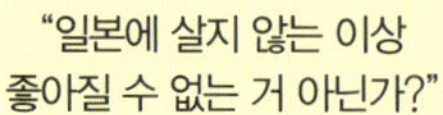 일본 거주 10년 이상 됐는데 악센트 때문에 말이 안 통할 때가 있어요.

일본에 살고 있는데도 발음이 당최 늘지 않아요.

이렇듯 일본에 살기만 하면 무조건 발음이 알아서 좋아지는 건 아니에요. 그리고 반대로 한국에 살면 발음이 좋아질 수가 없다는 것도 아니죠. 즉, 사는 곳보다 더 중요한 것은 먼저, 내가 하고 있는 일본어 발음이 일본인의 발음과 다르다는 것을 깨닫는 것이에요. 그리고 깨닫는 것에서 그치는 것이 아니라 그 발음을 더 원어민처럼 자연스럽게 바꾸려는 의지와 노력이 필요해요. 효과적인 방법으로 꾸준히 발음 훈련을 한다면 일본에 사는 것보다 시간이 더 걸릴 수는 있어도 못 할 건 없어요. 저도 해냈으니, 여러분도 할 수 있어요.

물론 한국에서는 일본에서 사는 것보다는 일본어를 접하는 빈도나 양이 적을 수밖에 없기에 일본어를 인풋, 아웃풋 하는 환경을 의도적으로 만드는 것을 추천합니다. 저 역시 '한국 속의 일본'을 만들기 위해 일상을 일본어로 가득 채웠어요.

밥 먹을 때, 이동할 때, 주말에 쉴 때 등 짬이 날 때마다 일본 예능이나 드라마를 보고, 일본 노래를 듣고 일본어 회화 책으로 공부했어요. 방송에서 말해 보고 싶은 표현이 나오면 그 자리에서 따라 해 보기도 하고, NHK 뉴스 섀도잉을 목이 쉴 정도로 반복하며 아예 습관으로 만들었어요. 일본인 친구와 주말마다 전화도 하고, 집에 혼자 있을 때는 혼잣말을 일본어로 하기도 하고요. 이렇게 마치 내가 일본에 있나 싶을 정도로 일본어에 계속 노출되어 있었어요.

지금 내가 있는 곳에서 얼마나 일본어와 밀착된 하루하루를 보내느냐가 발음 향상의 열쇠입니다.

발음 뭐가 중요해? 말만 잘 통하면 되는 거 아니야?

언제까지 우연에 맡기실 건가요?

맞아요. 반드시 네이티브처럼 발음해야만 말이 통하는 건 아니죠. 발음이 어색하더라도, 틀려도 대화는 가능해요. 하지만, 이 둘 중 하나일 가능성이 높아요.

> 우연히 말이 통했거나 상대방이 이해하려고 노력해 주었거나.

먼저, 우연이기 때문에 때에 따라서 상대방이 되묻거나 소통이 잘 안되는 경우가 생겨요. 우리가 한국어 발음이 어색한 외국인의 한국어를 들을 때 한국인끼리 얘기하는 것처럼 편안하게 듣는 게 아니라 "이 사람이 무슨 말을 하려는 거지?"하고 귀 기울여 듣죠. 발음상 한국어 같지 않은 단어를 말하면 비슷한 발음의 단어를 생각해 보거나 전후 문맥을 가지고 유추하면서 이해하려고 노력할 거예요. 하지만 자연스러운, 일본어다운 일본어 발음으로 말할 수 있다면 우연이 아니라 늘 상대방이 알아들으려고 유추하지 않아도 그저 들리는 소리 그대로 이해할 수 있게 돼요. 그러면서 더 자연스럽고 깊은 대화도 가능해지죠. 상대방과 나의 커뮤니케이션에 발음이라는 불편한 장벽이 하나 사라진 거니까요.

한국어 발음이랑 다른 거 없던데, 연습할 게 있나?

일본어는 한국어가 아니에요!

　먼저, 하나 퀴즈를 낼게요. '타루기'는 무슨 뜻일까요? 이런 한국어가 있었나 싶으시죠? 바로 '딸기'입니다. 딸기를 일본어로 표기한 タルギ를 그대로 읽은 것이죠. 딸기와 タルギ 전혀 다르게 들리죠. 반대로 きょうと를 교토, おかあさん을 오카상이라고 한국어 표기 그대로 발음하면 어떨까요? 설령 일본인이 알아들었다고 하더라도 소리 그대로가 아니라 위에서 말한 것처럼 비슷한 발음을 떠올리며 유추해서 이해한 것일 거예요.

　일본어는 영어나 중국어에 비해서 한국어와 비슷한 발음이 많은 것처럼 보여요. 하지만 완전히 같은 언어가 아니기 때문에 일본어는 일본어 그 자체로 봐야 해요. 한국어 표기는 그나마 비슷하게 발음할 수 있는 가이드일 뿐이에요. 중요한 것은 일본어를 발음하는 원리를 이해하고, 귀로 들리는 소리를 있는 그대로 받아들이고 따라 하는 습관을 가지는 것이에요.

2. 일본어 발음이 좋아지는 37가지 자세

자, 그럼 이번에는 일본어 발음 향상에 도움이 되는 3가지 자세를 알아볼까요?

| 일본어를 소리의 관점에서 접근하기 |

단어나 문법을 외우는 것만으로도 벅차서 혹은 일본어 특유의 소리나 악센트가 있다는 것 자체를 몰라서 그저 문자와 뜻만을 공부하는 분들이 많아요. 저도 처음에는 단어를 외울 때 「待つ まつ 기다리다」처럼 한자, 후리가나 그리고 뜻을 정리하는 데만 집중했고, 발음에는 크게 신경 쓰지 않았던 적이 있었어요. 하지만 자연스러운 일본어 발음을 구사하기 위해 첫 번째로 해야 할 것은 바로 "일본어를 소리로 접근하는 것"이에요. 문자, 뜻과 함께 일본어의 소리를 듣고, 이해하고, 따라 하는 연습이 필요해요. 그렇지 않으면 아무리 많은 단어를 외우고 표현을 익혀도 어휘력은 좋아질지언정 발음에서는 큰 변화가 없어요.

앞으로는 새로운 단어나 표현을 만날 때 아래와 같이 소리도 함께 익히는 습관을 들여 보세요. 발음은 따로 공부해야 하는 특별한 무언가가 아니라 단어 공부하면서 자연스럽게 같이 익히는 거라고 생각하면 좀 더 가벼운 마음으로 접근할 수 있을 거예요. 한꺼번에 다 익히려고 하지 않아도 돼요. 여러분이 자주 쓰는 단어부터, 앞으로 새로 알게 되는 단어부터 하나하나씩 정리해 나가면 돼요.

| 최대한 많이, 꾸준히 듣고 따라 하기 |

우리가 단어의 뜻을 외울 때도, 한 번 공부하고 외웠다고 생각해도 여러 번 접하고 직접 써 보지 않으면 금방 잊어버리잖아요? 발음도 마찬가지예요. 발음이 자연스러워지려면 일본어를 가능한 한 많이, 꾸준히 들으며 일본어 소리에 익숙해지고 자연스럽게 나올 때까지 반복해서 따라 하는 연습이 필요해요. 즉, '듣고 따라 하는 양'이 충분해야 하고, 그러기 위해서는 무엇보다 '꾸준함'이 필수예요. 며칠 동안 몰아서 연습한다고 해서 발음이 확 바로 좋아지진 않아요. 오히려 금방 지치고 그만두게 되기 쉽죠. 하루 10분이라도 좋으니, 매일 듣고 따라 하는 습관을 만들어 보세요. 이렇게 매일 조금씩 쌓아가다 보면, 어느 순간 듣고 말한 양도 자연스럽게 충분해져 있어요. 그리고 여기서 중요한 것은 단순히 양을 늘리기만 하는 것이 아니라 일본어 소리의 특징에 유의하며 듣는 것이에요. 그리고 귀로 캐치한 특징들을 노래 부르듯 최대한 있는 그대로 따라 해 보세요.

예를 들어 이때까지는 かわいい라는 말을 들었을 때 "귀엽다"라는 뜻으로만 들었을 거예요. 이제는 'かわいい(저고고저)로 음의 높낮이가 바뀌는구나', 'いい는 いー로 늘여서 발음하는구나'라는 식으로 일본어 소리의 특징을 캐치하고 따라 해 보는 거죠. 하지만 처음부터 소리의 특징을 완벽하게 캐치하려고 부담 갖지 않아도 괜찮아요. 내가 할 수 있는 만큼만, 조금씩 해 나가면 돼요. 우선 먼저 일본어를 듣고 따라 하는 습관을 들이는 것부터 시작해 보세요. 지속하려면 재미가 있어야 하니까 여러분이 좋아하는 일본 방송이나 드라마를 활용해 보는 걸 추천해요. 아침에 준비할 때, 설거지할 때, 밥 먹을 때처럼 일상의 순간들 속에서 자연스럽게 일본어를 듣고 따라 해 보세요.

| 적극적으로 아웃풋 하기 |

일본어 공부를 하다 보면, 눈으로 익히고 머리로 이해하는 공부에만 치우치기 쉬워요. 하지만 직접 입으로 말해 보는 '아웃풋'이 정말 중요해요. 인풋과 아웃풋의 균형이 잘 맞을 때, 발음도 자연스럽게 향상될 수 있어요. 앞서 소개한 '듣고 따라 하기'도 좋은 아웃풋 훈련이에요. 단순히 듣는 데서 끝나는 게 아니라, 내 입으로 재현해 보는 과정이기 때문에 이 자체가 중요한 말하기 연습이 돼요. 그리고 여기에 더해, 새롭게 알게 된 발음을 활용해 짧은 문장을 직접 만들어 말해 보는 연습도 꼭 해 보세요. 예를 들어, さくら(桜)의 악센트를 새로 알게 됐다면 '桜がきれい'와 같은 짧고 간단한 문장을 말해 보는 거예요. 일본인 친구와 대화할 때 써 보는 것도 좋고, 혼잣말로 연습하는 것도 정말 효과적이에요.

그리고 자신의 일본어를 녹음해 보는 걸 추천해요. 직접 들어보면 내 발음의 습관이나 부족한 점을 스스로 인식할 수 있어요. 처음엔 어색하게 느껴질 수 있지만, 내 일본어 발음을 직면하는 것부터가 변화의 시작이에요. 그리고 꼭 기억해 주세요. 틀려도 괜찮고, 완벽하지 않아도 괜찮아요. 일본인도 가끔 실수할 때가 있어요. 실수는 자연스러운 과정이고, 배움의 계기예요. '오늘도 하나 새로 알았네!'하고 마음을 가볍게 가져 보세요.

우리가 네이티브처럼 말하기 위해 지향해야 하는 발음은 절대 틀리지 않는 100% 완벽한 발음이 아니라 자연스럽고 일본어다운 발음, 듣기 편하며 문맥 없이도 소리만으로 바로 이해되는 발음이에요. 이러한 발음을 장착해서 자신 있게, 당당하게, 나답게 일본어로 소통하는 내 모습을 상상해 보세요!

3. 자연스러운 일본어 발음 포인트 37가지

노래에 비유해서 얘기해 볼게요. 노래를 들을 때 처음에는 가사도 멜로디도 잘 따라 하지 못하지만, 좋아서 계속 듣고 따라 부르다 보면 어느샌가 반주 없이도 혼자 흥얼거릴 수 있게 되죠. 일본어 발음도 마찬가지예요. 처음엔 일본어를 들어도 뜻만 들릴 뿐, 발음 자체는 제대로 귀에 들어오지 않아요. 하지만 반복해서 듣고 따라 하다 보면, 어느 순간 네이티브에 가까운 발음을 구사하는 자신을 발견하게 될 거예요. 물론 노래 하나를 따라 부르는 것보다는 훨씬 더 많은 시간과 노력이 필요하지만요.

즉, 자연스러운 일본어 발음을 구사하는 과정은 기본적으로는 일본인이(가수가) 구사하는(부르는) 일본어 발음을(노래를) 많이 듣고 있는 그대로 따라 하며 내 것으로 만들어 가는 과정이에요. 단, 무작정 따라 하는 것보다는 일본어 발음에 어떠한 특징과 원리가 있는지를 알면 더 잘 들리고 더 쉽게 따라 할 수 있어요. 또한 '왜 내 발음이 어색했는지'를 깨닫고, 이를 고치기 위한 방향을 명확히 알 수 있어요.

이 책에서는 자연스러운 일본어 발음을 구사하기 위한 아래 3가지 포인트를 공부하고 집중적으로 연습할 거예요.

① 박자 – 일본어는 "적당한 길이"가 생명!
② 발음 – 절대 한국어 표기로 발음하지 말자!
③ 악센트와 인토네이션 – 일본어는 왜 멜로디가 있는 것처럼 들릴까?

먼저, 노래에는 노래 전반에 흐르는 박자와 리듬이 있죠. 일본어도 적당한, 일정한 길이의 박자가 반복되면서 리듬이 만들어져요. 그리고 이것이 듣기 편하고 자연스러운 일본어 발음의 바탕이 돼요. 그리고 노래 가사가 '너를 사랑해'인데 '노를 사랑해'라고 발음하면 어색하거나 의미가 제대로 통하지 않듯이 일본어의 각 히라가나의 발음을 제대로 발음해야 해요. 마지막으로, 노래에는 높고 낮은 음정이 있고 이는 매우 중요한 요소죠. 음정이 바뀌어 버리면 아무리 가사나 리듬이 그대로라고 해도 다른 노래처럼 들려요. 마찬가지로 일본어는 단어 안에서의 음의 높낮이 변화인 악센트와 문장 안에서의 음의 높낮이 변화인 인토네이션을 지켜 발음하는 것이 중요해요.

앞으로 함께 이 3가지를 공부하고 연습하며 일본어 발음의 기반을 튼튼하게 만들어 보아요. 우리가 일본어를 처음 공부했을 때를 떠올려 보면 잘 안 외워져서 힘들었던 기억도 있지만 새롭게 하나하나 알아가는 그 과정이 신기하고 재밌었을 거예요. 발음 공부, 연습은 이제 막 시작했으니 일본어 초보자의 마음으로 돌아가서 열린 마음을 가지고, 일본어를 처음 공부했던 때의 열정과 즐기는 마음을 잊지 않고, 여러분 각자의 페이스에 맞게 꾸준히 공부하고 연습해 보세요. 그리고 이 책이 여러분이 일본어 발음에서 헤맬 때 언제든 찾아볼 수 있는 길잡이, 버팀목이 되는 책이 되었으면 합니다.

Chapter 1

일본어의 박자

자연스러운 일본어로 말하기 위해서는 일본어의 박자 감각을 익히는 것이 매우 중요해요. 일본어 박자의 개념과 특히 실수하기 쉬운 박자를 집중적으로 연습해 보아요.

1. 일본어 박자 기본 개념

2. 주의해야 할 박자 37가지

1. 일본어 박자 기본 개념

🎧 들어 보세요

대화를 듣고 소통에 문제가 생긴 이유를 생각해 보세요.

🔍 자세히 알아봐요

　자연스러운 일본어 발음을 구사하는 데 있어서 박자 감각(쉽게 말해 소리의 길이 감각)은 매우 중요해요. 포인트는 한 박 한 박을 일정한 길이로 발음하는 것이에요. 일본어는 기본적으로 히라가나 한 글자 당 한 박의 길이를 가져요. 앞의 모음을 길게 늘여 발음하는 장음(가타카나로 쓸 때는 "ー"의 부분), 촉음(っ・ッ), 발음(ん・ン) 역시 각각 한 박으로 발음해요. 단, きゃ, しゅ, しょ와 같은 요음이나 ウェ, ファ 와 같이 주로 외래어 표기에서 볼 수 있는 작은 히라가나가 붙은 글자는 눈으로 보기에는 두 글자처럼 보여도 한 박으로 발음해요.

　박자가 잘못되면 부자연스럽고 알아듣기 어려운 일본어가 되는 것은 물론이고, 경우에 따라서는 의미가 아예 달라지거나 존재하지 않는 말이 되어서 소통에 문제가 생겨요. [들어 보세요]에서는 '빌딩'은 ビル 두 박인데 ビ/ー/ル 세 박으로 잘못 발음해서 '맥주'라는 의미로 전달이 되었어요.

🔊 듣고 따라 해 보세요 ①

▶ Track | 1-1-2

1박 き(木) 나무　　**2박** きみ(黄身) 노른자

3박 キリン 기린　　**4박** きっかけ 계기

🔊 듣고 따라 해 보세요 ②

▶ Track | 1-1-3

3박 じゆう(自由) 자유　　**2박** じゅう(銃) 총

5박 びよういん(美容院) 미용실　　**4박** びょういん(病院) 병원

💬 연습해 보세요

▶ Track | 1-1-4

아래 단어의 괄호 안에 박자 수를 적어 보세요. 그리고 음성을 듣고 소리 내 따라 해 보세요.

1 ねぎ 파 (　　)　　**7** とうもろこし 옥수수 (　　)

2 もやし 콩나물 (　　)　　**8** はくさい 배추 (　　)

3 だいこん 무 (　　)　　**9** ほうれんそう 시금치 (　　)

4 キャベツ 양배추 (　　)　　**10** ブロッコリー 브로콜리 (　　)

5 にんじん 당근 (　　)　　**11** カリフラワー 콜리플라워 (　　)

6 カボチャ 호박 (　　)

대부분의 박자 실수, 그로 인한 소통의 문제는 주로 장음, 촉음(っ・ッ), 발음(ん・ン)의 박자를 적절한 길이로 발음되지 않아 발생해요. 이 3가지를 제대로 이해하고 익숙해진다면 박자 때문에 소통에 어려움이 생기는 일은 확 줄어들 거예요.

장음

🦻 들어 보세요

● Track | 1-2-1

아래 단어의 한국어 발음과 일본어 발음을 비교해 들어 보세요.

도쿄 / とうきょう（東京）　　　　　**오사카** / おおさか（大阪）

🔍 자세히 알아봐요

'도쿄'와 [とうきょう], '오사카'와 [おおさか]를 번갈아 발음해 보세요. 어떠한 차이가 있나요? 한국어로 '도쿄'는 두 박, '오사카'는 세 박으로 발음해요. 하지만 일본어로 [とうきょう]는 [と]와 [きょ] 각각의 모음을 한 박씩 길게 늘여서 총 4박, [おおさか]는 [お]를 한 박 길게 늘여서 총 네 박으로 발음해요.

한국어	일본어
도쿄	と きょ (X) とうきょう (O)
오사카	おさか (X) おおさか (O)

장음은 と<u>う</u>きょ<u>う</u>, お<u>お</u>さか에서 밑줄 친 부분으로, 앞 모음을 한 박 늘여서 발음하는 소리예요. 한국어는 '가방'을 '가아방'처럼 길게 발음해도 의미가 변하지 않죠. 하지만 일본어는 장음을 짧게 발음하거나 반대로 장음이 아닌 소리를 길게 발음하면 의미가 바뀌거나 때에 따라서는 실제로 존재하지 않는 단어처럼 들릴 수 있어요. 즉, 장음은 한 박을 정확히 지켜서 발음하는 것이 중요해요. 특히, 'ひつよう(必要)필요'나 'せんせい(先生)선생님'와 같이 단어 마지막에 장음이 오는 경우는 'ひつよ', 'せんせ'처럼 짧게 발음하기 쉬우니 주의해 주세요.

듣고 따라 해 보세요

● Track | 1-2-2

がっこう(学校) 학교	ひつよう(必要) 필요	くうこう(空港) 공항
せんせい(先生) 선생님	がくせい(学生) 학생	うんえい(運営) 운영

장음은 처음 연습할 때 내가 너무 길게 늘이는 건가 싶어 어색하게 느낄 수 있어요. 이는 누구나 한 번쯤 겪는 일시적인 어색함이니 걱정하지 마세요. 아래 방법을 통해 꾸준히 연습하면 장음의 박자 감각에 익숙해질 거예요.

장음 연습 방법

① 장음이 있는 단어와 없는 단어를 번갈아들으면서 소리의 차이를 귀로 확실히 구별해 보세요.

② 듣고 따라 하기를 반복하며 장음에 대한 어색함이 사라지고 자연스럽게 느껴질 때까지 연습해 보세요.

Tip 박자에 맞추어 손뼉을 치며 연습하면 장음 한 박의 길이를 더 쉽게 익힐 수 있어요!

🗣 연습해 보세요 ① 　[단어 연습]　　　　　　　　　　▶ Track | 1-2-3

먼저 스스로 읽어본 후, 음성을 듣고 잘 발음했는지 확인해 보세요.

1 ちず(地図) 지도　　　　　　　　チーズ 치즈

2 おく(億) 억　　　　　　　　　　おおく(多く) 많이

3 きょだい(巨大) 거대　　　　　　きょうだい(兄弟) 형제

4 しゅかん(主観) 주관　　　　　　しゅうかん(習慣) 습관

5 ここ 여기, 이곳　　　　　　　　こうこう(高校) 고등학교

6 くろ(黒) 검정　　　　　　　　　くろう(苦労) 고생

7 いっしょ(一緒) 같이　　　　　　いっしょう(一生) 평생

> **Tip** 장음의 유무에 따라 의미가 달라지는 단어를 통해 장음의 박자 감각을 익히는 것이 효과적이에요!

연습해 보세요 ② 문장 연습

● Track | 1-2-4

먼저 스스로 읽어본 후, 음성을 듣고 잘 발음했는지 확인해 보세요.

1 昨日、駅で高校の先生に会った。

어제 역에서 고등학교 선생님을 만났다.

2 早起きの習慣をつけたいのに、いつも三日坊主で終わってしまう。

일찍 일어나는 습관을 들이고 싶은데, 항상 작심삼일로 끝나 버린다.

3 羽田空港は朝から旅行や帰省する人たちで混み合っています。

하네다 공항은 아침부터 여행이나 귀성하는 사람들로 붐비고 있습니다.

> **Tip** 장음은 단어 연습에서는 잘 되다가도, 문장 속에서는 짧게 발음해 버리는 실수를 하기가 쉬워요.
> 이럴 때는 해당 단어나 문장 전체만 계속 연습하기보다는, 뒤에 오는 조사까지 한 덩어리라고
> 생각하고 아래와 같이 연습해 보세요.
> 예를 들어, 高校の先生に에서 こうこう가 자꾸 こうこ로 발음된다면,
> 1. 단어(高校)만 여러 번 반복
> 2. 단어+조사(高校の)를 익숙해질 때까지 여러 번 반복
> 3. 점차 연습 범위 넓혀나가기 (高校の先生に → 高校の先生に会った)

| 촉음 (っ·ッ)

🎧 들어 보세요

⊙ Track | 1-2-5

아래 단어의 한국어 발음과 일본어 발음을 비교해 들어 보세요.

삿포로 / さっぽろ (札幌)　　　　**돗토리 / とっとり (鳥取)**

🔍 자세히 알아봐요

'삿포로'와 'さっぽろ', '돗토리'와 'とっとり'를 번갈아 발음해 보세요. 어떠한 차이가 있나요? 'さっ'과 'とっ'이 '삿', '돗'처럼 한 번에 발음하는 것이 아니라 'さ'의 뒤, 'と'의 뒤에 한 박이 들어가 두 박으로 발음된다는 것을 알 수 있을 거예요.

한국어	일본어
삿포로	さっぽろ (X) さっぽろ (O)
돗토리	とっとり (X) とっとり (O)

촉음은 한국어의 받침처럼 앞 글자와 합쳐서 한 번에 발음하는 것이 아니라 그 자체로 한 박을 지켜서 발음해야 해요.

먼저 스스로 읽어본 후, 음성을 듣고 잘 발음했는지 확인해 보세요.

1　さか(坂) 비탈길　　　　　　　さっか(作家) 작가

2　おと(音) 소리　　　　　　　　おっと(夫) 남편

3　しゅちょう(主張) 주장　　　しゅっちょう(出張) 출장

4　した　했다　　　　　　　　　しった(知った) 알았다

5　きて(来て) 오고　　　　　　きって(切って) 자르고

6　かこ(過去) 과거　　　　　　かっこ(括弧) 괄호

7　もと(元) 기초, 토대　　　　もっと　더

> **Tip** 촉음의 유무에 따라 뜻이 달라지는 단어를 통해 촉음의 감각을 익히면 효과적이에요. 발음할 때 동시에 주먹을 꼭 쥐었다가 펴면 한 박의 길이를 쉽게 느낄 수 있어요!

발음(ん·ン)

🎧 들어 보세요

● Track | 1-2-7

아래 단어의 한국어 발음과 일본어 발음을 비교해 들어 보세요.

라멘 / ラーメン　　　　　　　　　　**오뎅** / おでん

🔍 자세히 알아봐요

　‘라멘’과 ‘ラーメン’, ‘오뎅’과 ‘おでん’을 번갈아 발음해 보세요. 그리고서 ‘멘’과 ‘メン’, ‘뎅’과 ‘でん’을 발음해 보세요. 어떠한 차이가 있나요? ‘メン’, ‘でん’을 한 번에 발음하는 것이 아니라 ‘メ’, ‘で’ 뒤에 ん(ン)역시 한 박으로 발음하는 것을 알 수 있을 거예요.

한국어	일본어
라 멘	ラ ー メ ン (X) ラ ー メ ン (O)
오 뎅	お で ん (X) お で ん (O)

　이렇게 ん은 한국어의 받침처럼 앞 글자와 합쳐서 한 번에 발음하는 것이 아니라 그 자체로 한 박을 지켜서 발음해야 해요. 무의식적으로 받침처럼 짧게 발음하는 경우가 있는데, 이렇게 하면 유독 그 부분만 서둘러 말하는 것처럼 들려요. 결국 문장 전체의 리듬이 깨지면서 전체적으로 일본어답지 않게 느껴지고, 순간적으로 무슨 말을 했는지 상대방이 이해하기 어려울 수도 있어요.

먼저 <u>스스로</u> 읽어본 후, 음성을 듣고 잘 발음했는지 확인해 보세요.

2박 うん(運) 운   きん(金) 금   ぎん(銀) 은

3박 まんが(漫画) 만화   にほん(日本) 일본   プリン 푸딩

4박 おんせん(温泉) 온천   とんかつ 돈가스   ふじさん(富士山) 후지산

5박 이상 しんかんせん(新幹線) 신칸센

  まんいんでんしゃ(満員電車) 만원 전철

Tip ん이 들어간 단어를 마치 어린아이에게 알려준다는 느낌으로 천천히, 한 글자씩 또박또박 발음해 보세요. 이렇게 해서 박자 길이에 익숙해지면 점점 속도를 높여서 보통 속도, 즉 여러분이 평소에 말하시는 속도에 맞춰 발음하는 연습을 해 보세요.

+ 박자를 지키며 자연스럽게 말하기 +

먼저, 아래 단어들의 음성을 한 번 들어 보세요. ⓐ, ⓑ, ⓒ 중 어떤 발음이 가장 자연스럽게 들리나요?

▶ Track | 1-2-9

温泉 ／ 温泉に行きます

ⓐ　　ⓑ　　ⓒ

ⓑ가 가장 자연스럽게 들렸을 거예요. ⓐ는 마치 단어를 처음 배우는 아이에게 알려주듯, 한 글자씩 또박또박 끊어서 발음한 느낌이죠. 박자에 너무 신경 쓰다 보면, ⓐ お・ん・せ・ん처럼 한 박 한 박 딱딱 끊어 말하는 경우가 생기기도 해요. 하지만 실제 회화에서는 ⓑ처럼 [おん][せん] 이렇게 두 박씩 부드럽게 연결해서 발음해요. 조심할 점은 おん이 한 박이 아니라 두 박이라는 것. お + ん = 두 박, 이 박자 수는 그대로 지키면서, 자연스럽게 이어서 발음하는 것이 포인트 예요. ⓒ와 같이 한국어의 '온'처럼 한 박에 줄여서 말하면, 일본어 고유의 리듬감 이 사라져 버려요. 억지로 리듬을 의식하면서 말할 필요는 없어요. 박자를 정확 히 지킨다는 기본을 바탕으로 일본어 음성을 많이 듣고 따라 하다 보면 자연스 럽게 익숙해지고, 몸에 배게 돼요.

실생활 예시로 일본어의 리듬을 느껴보세요

① 축약어

▶ Track | 1-2-10

앞뒤 단어에서 각각 두 박씩 떼어 네 박으로 줄여 말하는 경향이 있어요.

ポケットモンスター ➜ ポケモン 포켓몬

ネットフリックス ➜ ネトフリ 넷플릭스

筋力トレーニング ➜ 筋トレ 근력 운동

② 숫자

전체 리듬을 맞추기 위해 한 박인 숫자를 두 박으로 늘여 발음해요.

▶ 1부터 10까지 연달아 말할 때

いち	にー	さん	しーよん	ごー	ろく	なな/しち	はち	きゅう	じゅう
1	2	3	4	5	6	7	8	9	10

+ 그렇다면, 카운트다운 5, 4, 3, 2, 1은?

→ "ごー、よん、さん、にー、いち"

▶ 전화번호를 말할 때

ぜろ	いち	ぜろ		いち	にー	さん	よん		ごー	ろく	なな	はち
0	1	0	-	1	2	3	4	-	5	6	7	8

▶ 2, 5뒤에 소수점이 올 때

よんじゅう	にー	てん	ご	パーセント	よんじゅう	ごー	てん	に	ど
4	2	.	5	%	4	5	.	2	度

③ 요일 말하기

이어서 말할 때 火(か)와 土(ど)를 2박으로 늘여 발음해요.

げつ	かー	すい	もく	きん	どー	にち
月	火	水	木	金	土	日

げつかーすい / げっかーすい(月火水) 월화수 きんどーにち(金土日) 금토일

☀️ 박자 때문에 생긴 웃픈 에피소드 ☀️

일본어로 대화하다 보면, 박자 하나 차이로 뜻이 확 달라져서 생기는 에피소드가 종종 있어요. 박자 때문에 생긴 예상치 못한 경험담들을 해설과 함께 소개합니다.

🍎 링고야 경험담

친구와 얘기하다가 제가 이렇게 말했어요.

「すーぱーせんとうしかないんだって」

그랬더니 '갑자기 スーパー銭湯(대형 목욕탕) 얘기는 왜 해?'라고 놀라는 거예요. 사실 제가 말하고 싶었던 건 '数パーセント(몇 퍼센트)'였는데, と를 괜히 두 박으로 길게 말해서 완전히 다른 뜻으로 들린 거죠.

→ 장음이 들어가야 할 곳을 짧게 발음하는 것과는 반대로 장음이 없는 부분을 길게 늘였을 때도 이렇게 소통이 제대로 안 될 수 있어요.

💬 수강생 Y님의 경험담

교환학생 시절, 일본인 친구가 킷캣을 줬는데 제가 '킷토캇토 ありがとう'라고 했더니 그 친구가 빵 터졌어요. 이 일을 한국인 친구에게 얘기했더니, '일본에서는 [킷토캇토]라고 발음하지 않아. [キットカット]지'라고 알려 줬어요. 처음에는 '[킷토캇토]와 [キットカット]가 뭐가 달라? 그걸 왜 못 알아듣는 거지?'라는 생각에 이해가 되지 않았는데, 이런 상황이 계속 반복되자 제가 일본어를 한국식으로 발음하고 있다는 것을 깨달았어요.

→ [킷토캇토]라고 하면 '킷토' 두 박처럼 들리지만, 일본어에서는 キ/ッ/ト로 세 박으로 발음해요. 촉음은 한국어의 받침처럼 앞의 소리와 붙여 한꺼번에 발음하지 않고, 따로 한 박으로 발음해야 해요.

Chapter 2

히라가나 발음

히라가나 발음, 그중에서도 헷갈리기 쉬운 발음을 함께 연습해 봐요. 사람마다 어렵다고 느끼는 발음은 조금씩 다르기 때문에, 여기서 소개하는 모든 소리가 모두에게 어려운 건 아니에요. 이미 잘하고 있는 부분은 가볍게 복습하고, 자신 없는 부분은 집중해서 연습해 보세요.

1. 모음(あいうえお)

2. つ

3. 탁음

4. ざ, ぜ, ぞ

5. は행

6. 모음의 무성화

7. 장음

8. 촉음(っ・ッ)

9. 발음(ん・ン)

10. 외래어 발음

1. 모음(あいうえお)

🎧 들어 보세요

● Track | 2-1-1

음성을 듣고 더 깨끗하고 명료한 발음을 골라 보세요.

<ruby>運<rt>うん</rt></ruby><ruby>動<rt>どう</rt></ruby>って、なかなか<ruby>続<rt>つづ</rt></ruby>けられないよね。　　　　ⓐ　　　　ⓑ

🔍 자세히 알아봐요

　일본어의 모음에는 あ, い, う, え, お가 있어요. 한국어 발음과 비슷해서 그냥 넘어가기 쉽지만, 히라가나 발음의 바탕이 되는, 일본어 소리의 기본 중의 기본이에요. 예를 들어 '続けられない'처럼 발음이 꼬이기 쉬운 말들 있죠? 모음이 제대로 발음되지 않으면 발음이 꼬이거나 웅얼거리는 것처럼 들릴 수 있어요. 깨끗하고 명료한 일본어 발음의 바탕이 되는 모음을 연습해 보아요.

　평소에 발음하는 한국어의 아, 이, 우, 에, 오는 잠시 잊고 아래 발음 포인트를 그대로 따라 하며 발음해 보세요.

① あ : 입을 자연스럽게 벌려 발음하기

포인트는 입을 너무 크게 벌리지 않는 것이에요. 억지로 크게 벌린다는 느낌 없이 내가 편하게 벌릴 수 있는 정도면 충분해요.

② い : 살짝 미소를 지은 상태에서 발음하기

치과에서 '이-'라고 입을 벌릴 때처럼 입을 너무 옆으로 길게 벌리면 부자연스러우니 주의해 주세요.

③ う : 입술을 과하게 내밀지 말고, 살짝만 모아서 발음하기

입을 앞으로 쭉 내민 う가 되지 않도록 주의해 주세요. 입술에 힘을 뺀 상태에서 양 입꼬리를 손가락으로 잡고 살짝만 안으로 모아준다는 느낌으로 발음해 보세요.

④ え : 살짝 미소를 지은 상태에서 입을 あ와 い의 중간 정도 크기로 벌려 발음하기

옆으로 벌리는 정도는 い와 비슷하게 유지하되, 아래로는 い보다 조금 더 벌린다는 느낌으로 발음해 보세요.

⑤ お : 입을 완전히 둥글게 내밀지 않고 가볍게 발음하기

한국어로 '오~!'라고 감탄할 때처럼 입술에 힘을 주며 동그랗게 앞으로 내밀지 않도록 주의해 주세요.

あいうえお를 여러 번 반복해서 발음해 보세요. 이때 처음에는 천천히, 한 글자씩 또 박또박 발음해 보세요. 그리고 한 글자 한 글자 발음할 때마다 입 모양이 어떻게 바뀌 는지 느껴보세요.

あ　　　い　　　う　　　え　　　お

🗣 **연습해 보세요 ②**　　　　　　　　　　　　　　　▶ Track | 2-1-3

발음에 유의하여 <u>스스로</u> 읽어본 후, 음성을 듣고 잘 발음했는지 확인해 보세요

あ	あさ(朝) 아침	あい(愛) 사랑	あくび 하품
	あせ(汗) 땀	あお(青) 파랑	
い	いま(今) 지금	いき(息) 숨	いす(椅子) 의자
	いえ(家) 집	いと(糸) 실	
う	うさぎ 토끼	うし(牛) 소	うむ(生む) 낳다
	うめ(梅) 매실	うそ(嘘) 거짓말	
え	えがお(笑顔) 웃는 얼굴	えき(駅) 역	えくぼ 보조개
	エネルギー 에너지	えほん(絵本) 그림책	
お	おかね(お金) 돈	おに(鬼) 도깨비	おつまみ 안주
	おでん 오뎅	おそい(遅い) 늦다, 느리다	

2. つ

🎧 들어 보세요

◉ Track | 2-2-1

밑줄 친 단어의 발음에 유의하여 음성을 듣고 올바른 것을 골라 보세요.

1 <u>なつ</u>やすみ(夏休み)はいつからですか。　　ⓐ　　ⓑ　　ⓒ

여름 방학은 언제부터예요?

2 コーラ<u>みっつ(３つ)</u>おねがいします。　　ⓐ　　ⓑ　　ⓒ

콜라 3개 주세요.

🔍 자세히 알아봐요

つ는 한국어에 없는 발음이기에 다소 생소하고 어렵게 느껴질 수 있어요. 그래서 한국어 표기 그대로 '쓰, 츠, 쯔' 중 하나로 발음하거나 ちゅ로 잘못 발음하는 경우가 있어요. 먼저, '쓰, 츠, 쯔' 중 어느 것도 つ와 완전히 일치하는 발음은 없어요. 그나마 가까운 발음이기에 의미는 통할지 몰라도 부자연스러운 발음이 돼요. 그리고 ちゅ로 발음하면 마치 '그랬어요'를 아기가 '그래쪄여'라고 말하는 것처럼 들려요.

자, 그럼 つ는 어떻게 발음하면 될까요? 생각보다 어렵지 않아요! 왜냐하면 つ는 す와 발음법이 매우 비슷하기 때문이죠. す 발음을 어려워하는 분들은 별로 없을 거예요. す와 つ는 둘 다 う단이고 혀의 위치도 같아요. す 발음과 비교하면서 알기 쉽게 つ의 발음 포인트 2가지를 알려드릴게요.

| 발음 포인트 27가지 |

① 입 모양 점검하기

　す와 つ는 う단이죠. 모음 파트에서 설명해 드렸듯이 일본어의 う는 입술을 과하게 내밀지 말고, 살짝만 모아서 발음해요. 입을 앞으로 쭉 내민 う가 되지 않도록 주의해 주세요.

② 혀의 위치 점검하기

　す와 つ는 발음할 때의 입속을 보면 다음과 같은 차이가 있어요.

● Track | 2-2-2

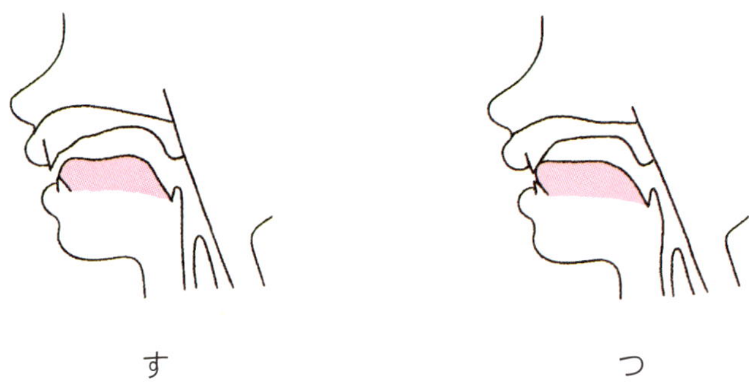

　먼저, す를 보면 혀끝이 위 앞니 바로 뒤의 잇몸 가까이에 있지만 닿지는 않아요. 닿지 않은 상태에서 잇몸과 혀 사이의 좁은 통로로 숨이 흘러 나가면서 소리가 나요.

　다음으로, つ를 보면 혀의 위치는 す와 같아요. 다른 점은 혀끝이 위 앞니 바로 뒤의 잇몸에 한 번 닿는다는 것이에요. 그런데 닿은 상태로 그대로 혀가 머물러 있으면 소리가 나가는 통로가 막혀서 소리가 나지 않겠죠? つ는 혀가 닿아서 떨어지며 생기는 좁은 통로로 숨이 흘러 나가면서 소리가 나요.

つ가 한국인이 틀리기 쉬운 대표적인 발음으로 알려져 있지만, 실제로는 그렇게 어렵지 않고 문제없이 발음하는 경우가 많아요. 오히려 어려운 발음이라는 이미지 때문에 자신 있게 말하지 못하는 경우도 있죠. 이번 과를 통해 내 발음을 점검해 보세요. 이미 잘하고 있다면 '나, 생각보다 잘하고 있었네!'하고 자신감을 가져 보세요. 조금 부족하다고 느껴진다면, 지금부터 차근차근 연습하면 돼요.

🗨️ 연습해 보세요 ①

▶ Track | 2-2-3

[スーツ]로 [つ] 발음 익히기

スススス → スー → スーツ

つ 발음을 가장 효과적으로 터득할 수 있는 방법은 바로 つ와 す를 번갈아 발음하는 것이에요. [スーツ(수트)]를 다음 순서에 따라 발음하며 연습해 봐요. 먼저 ス만 반복해서 발음해 보고, 다음에는 ス를 길게 발음하다가 혀를 잇몸에 닿게 하면서 ツ라고 발음해 보세요. [スーツ]를 여러 번 반복해서 발음하며 つ의 발음 방법에 익숙해져 보세요.

🗨️ 연습해 보세요 ②

▶ Track | 2-2-4

먼저 스스로 읽어본 후, 음성을 듣고 잘 발음했는지 확인해 보세요.

つゆ(梅雨)장마	つめたい(冷たい)차갑다	つながる(繋がる)이어지다
いつも 언제나, 늘	あつい(暑い)덥다	キツネ 여우
きせつ(季節)계절	しんせつだ(親切だ)친절하다	まつ(待つ)기다리다

3. 탁음

🦻 들어 보세요

Track | 2-3-1

밑줄 친 단어의 발음을 귀 기울여 들어 보세요.

1 き<u>ん</u>めだる(金メダル) 금메달　　ぎ<u>ん</u>めだる(銀メダル) 은메달

2 <u>て</u>んき(天気) 날씨　　<u>で</u>んき(電気) 전기

3 <u>ふ</u>た(蓋) 뚜껑　　<u>ぶ</u>た(豚) 돼지

🔍 자세히 알아봐요

　탁음은 か, さ, た, は행에 탁점(゛)이 붙은 が, ざ, だ, ば행의 소리예요. 일본어 히라가나표를 보면 が는 [가], ざ는 [자], だ는 [다], ば는 [바]로 표기되어 있죠. 그런데 이것은 한국어로 표현했을 때 그나마 가까운 소리로 나타낸 것일 뿐, が와 '가'는 다른 소리예요. が를 한국어의 '가'로 읽으면 일본인의 귀에는 か처럼 들려요.

が ≠ 가　　　　　　　　ざ ≠ 자

[가]로 발음하면 か로 들려요　　[자]로 발음하면 じゃ(또는 ちゃ)로 들려요

だ ≠ 다　　　　　　　　ば ≠ 바

[다]로 발음하면 た로 들려요　　[바]로 발음하면 ぱ로 들려요

　그 이유는 소리를 내는 방법이 다르기 때문인데요. が(ga)의 자음 'g'는 성대가 울리는 소리(유성음)인 반면, 한국어의 '가'의 자음 'ㄱ'은 성대가 울리지 않는 소리(무성음)예요. 말을 하는데 성대가 울리지 않는다니 무슨 말인가 싶으시죠?

です / ます

목에 손을 대고 です, ます라고 해 보세요. す가 's'처럼 들리고 성대의 진동
이 느껴지지 않을 거예요. 이게 바로 무성음이에요.

📻 **듣고 따라 해 보세요 ②**　　　　　　　　　　　　　▶ Track | 2-3-3

무성음	か (ka)	さ (sa)	た (ta)	は (ha)
유성음	が (ga)	ざ (za)	だ (da)	ば (ba)

목에 손을 대고 か와 が, さ와 ざ, た와 だ, は와 ば를 천천히 번갈아 발음하
며 성대의 울림 차이를 느껴 보세요. 사실 모음이 성대가 울리는 유성음이라, か
를 발음할 때도 결국 성대는 울리게 돼요. 하지만 다음과 같은 차이가 있어요.
か는 성대가 울리지 않는 'k' 소리가 먼저 나온 뒤에 모음이 이어지며 성대가 울
리지만, が는 처음부터 성대가 울리는 'g' 소리로 시작해요. 그래서 が를 발음할
때 성대가 더 확실히 진동하는 걸 느낄 수 있을 거예요.

연습해 보세요 ①

먼저 스스로 읽어본 후, 음성을 듣고 잘 발음했는지 확인해 보세요.

(으)が　(으)ぎ　(으)ぐ　(으)げ　(으)ご

Tip 탁음을 발음을 연습할 때는 앞에 살짝 '으'를 붙여 발음해 보세요. 이때 목에 손을 대고 성대가 울리는지를 확인해 보세요. 그리고 제대로 발음이 되었을 때의 느낌과 소리를 기억해 두고 반복 연습해 보세요. 처음에는 '으'를 의식적으로 넣고 연습하고, 점점 익숙해지면 '으' 없이도 자연스 럽게 발음할 수 있게 돼요. 이렇게 연습하는 이유는 '으'가 목을 울려서 내는 소리, 즉 유성음이기 때문이에요. 익숙하지 않은 が라는 유성음을 한 번에 내려고 하는 것보다 우리에게 익숙하고 크 게 신경 안 써도 쉽게 소리낼 수 있는 '으'를 앞에 넣어서 が에서 제대로 성대를 울려서 소리 낼 수 있는 준비를 하는 거라고 생각하시면 좋아요.

연습해 보세요 ②

먼저 스스로 읽어본 후, 음성을 듣고 잘 발음했는지 확인해 보세요.

[が행]

が	がっこう(学校) 학교	えいが(映画) 영화
ぎ	ぎんこう(銀行) 은행	えんぎ(演技) 연기
ぐ	ぐうすう(偶数) 짝수	ランニング 러닝
げ	ゲーム 게임	にんげん(人間) 인간
ご	ごくごく 꿀꺽꿀꺽	しんごう(信号) 신호

Tip が행이 단어 중간이나 마지막에 올 때, ～が(～이)를 발음할 때 비탁음으로 발음될 수 있어요. 비탁음은 탁음에 비음을 섞어서 발음하는 것으로 콧소리가 강하게 나요. 하지만 아나운서나 성우 가 아닌 이상 일상 회화에서는 비탁음을 정확히 발음할 필요는 없으니 너무 신경 쓰지 않아도 돼 요. '이런 소리도 있구나'하는 마음으로 가볍게 들어만 보세요.

예 だいがく(大学) 대학교　　　　　　　　　　　　　　

[ざ행]

ざ	ざぶとん(座布団) 방석	こうざ(口座) 계좌
じ	じしん(地震) 지진	しんじる(信じる) 믿다
ず	ずかん(図鑑) 도감	あんず 살구
ぜ	ぜんぶ(全部) 전부	ぜんぜん(全然) 전혀
ぞ	ゾウ 코끼리	ねつぞう(捏造) 날조

Tip ざ행은 단어 안에서 어디에 오느냐에 따라 발음 방법이 미묘하게 달라져요. 하지만 일본인도 이를 의식해서 구분하지 않고, 무의식적으로 자연스럽게 발음해요. 그러니 '아, 이런 차이가 있구나!' 정도로만 가볍게 참고하고, 음성에서 들리는 소리를 그대로 따라 해 보세요.

① 단어의 첫머리나 ん, 촉음 바로 뒤에 올 때

혀끝이 위 앞니 바로 뒤의 잇몸에 닿았다가 떨어지며 생기는 좁은 통로로 숨이 흘러 나가면서 소리가 만들어져요.

② 단어 중간, 끝에 올 때

혀끝이 위 앞니 바로 뒤 잇몸에 가까이에 있지만 닿지는 않은 상태에서, 그 사이 좁은 통로로 숨이 흘러 나가며 소리가 만들어져요.

[だ행]　　　　　　　　　　　　　　　　　　　　　　　　○ Track | 2-3-8

だ　だんかい(段階) 단계　　　　　　　かいだん(階段) 계단

ぢ　はなぢ(鼻血) 코피　　　　　　　　まぢか(間近) 아주 가까움

づ　つづける(続ける) 계속하다　　　　きづかい(気遣い) 배려

で　でんしゃ(電車) 전철　　　　　　　いでん(遺伝) 유전

ど　どんぐり 도토리　　　　　　　　　うんどう(運動) 운동

Tip ぢ는 じ, づ는 ず와 같은 발음이에요.

[ば행]　　　　　　　　　　　　　　　　　　　　　　　　○ Track | 2-3-9

ば　バイト 아르바이트　　　　　　　　きばむ(黄ばむ) 노래지다

び　ビタミン 비타민　　　　　　　　　きびしい(厳しい) 엄격하다

ぶ　ぶた(豚) 돼지　　　　　　　　　　よぶ(呼ぶ) 부르다

べ　べんり(便利) 편리　　　　　　　　はまべ(浜辺) 해변

ぼ　ボクシング 복싱　　　　　　　　　えくぼ 보조개

4. ざ, ぜ, ぞ

밑줄 친 단어의 발음에 유의하여 음성을 듣고 올바른 것을 골라 보세요.

1 <u>ざぶとん</u>(座布団)一枚^{いちまい}ください。　　　　ⓐ　　　　ⓑ

방석 1장 주세요.

2 <u>ぎんざ</u>(銀座)に行^いったことがあります。　　　　ⓐ　　　　ⓑ

긴자에 간 적이 있습니다.

🔍 자세히 알아봐요

　탁음 중에서도 특히 실수하기 쉬운 발음은 바로 ざ, ぜ, ぞ예요. 이것들은 じゃ, じぇ, じょ처럼 발음되는 경우가 많아요. 앞서 탁음에서 설명드렸듯이 한국어 표기 [자, 제, 조] 그대로 발음하지 않도록 주의해 주세요. 그리고 ざ행을 한국어 표기가 아니라 들리는 그대로 듣고 따라 발음하는데도 자꾸 じゃ, じぇ, じょ로 발음이 된다면 혀의 위치가 잘못되었을 가능성이 높아요.

　ざ를 발음할 때는 혀끝이 윗 앞니 바로 뒤의 잇몸에, 반면 じゃ는 ざ보다 조금 더 안쪽에 혀가 위치해 있어요. ぜ와 じぇ, ぞ와 じょ도 마찬가지예요.

"""

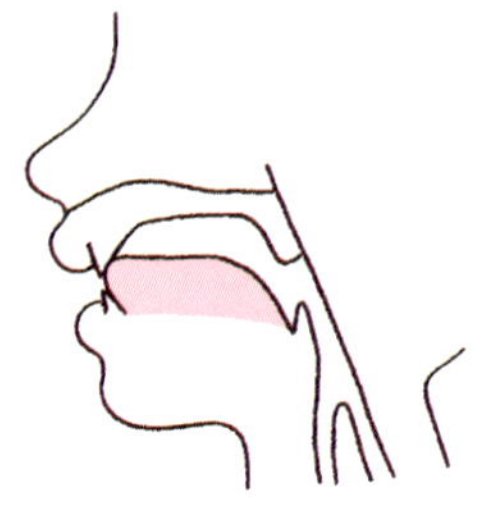

ざ　ざくろ 석류

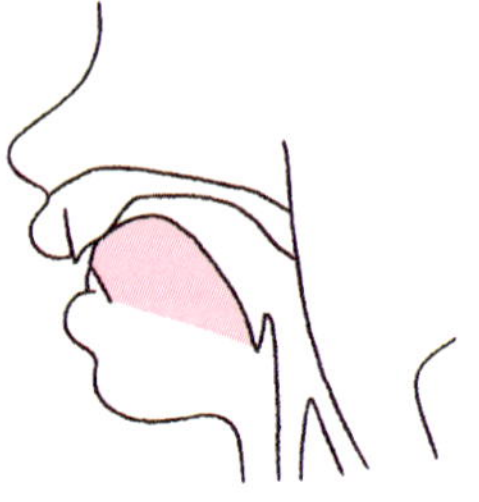

じゃ　ジャム 잼

연습해 보세요   Track | 2-4-3

먼저 스스로 읽어본 후, 음성을 듣고 잘 발음했는지 확인해 보세요.

ざ	ざくろ 석류	げんざい(現在) 현재
	ありがとうございます 감사합니다	ピザ 피자
ぜ	ゼロ 제로, 0	ぜんぶ(全部) 전부
	ぜったい(絶対) 절대	ぜんぜん(全然) 전혀
ぞ	ぞうきん(雑巾) 걸레	そうぞう(想像) 상상
	のぞむ(望む) 바라다	どうぞ 아무쪼록

5. は행

🎧 들어 보세요

● Track | 2-5-1

밑줄 친 단어의 발음에 유의하여 음성을 듣고 올바른 것을 골라 보세요.

1 <u>にほん</u>(日本)に旅行に行きたい。　　　　ⓐ　　　ⓑ

일본 여행 가고 싶다.

2 <u>にほんご</u>(日本語)の勉強は楽しい。　　　　ⓐ　　　ⓑ

일본어 공부는 즐겁다.

🔍 자세히 알아봐요

　は행은 한국어의 '하'와 같은 것 아닌가 하고 넘어가기 쉽지만 함정이 존재해요. 대표적인 실수 중 하나가 にほん(日本), にほんご(日本語)의 발음이에요. ほ의 자음 소리가 약해져서 [におん], [におんご]로 말하는 경우가 많아요.

　한국어로 '한국'과 '안녕하세요'를 말해볼까요? '한국'은 'ㅎ' 소리를 제대로 발음하지만, '안녕하세요'는 보통 [안녕아세요]처럼 'ㅎ' 소리가 약해져서 'ㅇ'에 가깝게 발음하죠. 하지만 일본어의 は행은 단어의 처음, 중간, 마지막 어디에 위치해 있든 자음 소리를 제대로 내서 발음해야 해요. 즉, はる(春)의 [は]과 チャーハン의 [ハ] 둘 다 [は]로 발음해요. あ행처럼 발음하지 않도록 주의해 주세요.

먼저 스스로 읽어본 후, 음성을 듣고 잘 발음했는지 확인해 보세요.

1 はな(鼻) 코 　　　　あな(穴) 구멍

　しはつ(始発) 첫차 　　しあつ(指圧) 지압

2 ひじ(肘) 팔꿈치 　　いじ(意地) 고집, 오기

　こうひ(公費) 공비 　　こうい(行為) 행위

3 ふた(蓋) 뚜껑 　　　うた(歌) 노래

　こうふん(興奮) 흥분 　こううん(幸運) 행운

4 へんか(変化) 변화 　　えんか(演歌) 엔카

　こうへん(後編) 후편 　こうえん(公園) 공원

5 ほん(本) 책 　　　　　おん(恩) 은혜

　けいほう(警報) 경보 　けいおう(京王/慶応) 게이오

6. 모음의 무성화

🎧 들어 보세요

⊙ Track | 2-6-1

밑줄 친 단어의 발음을 귀 기울여 들어 보세요.

<u>く</u>に(国) 나라   <u>く</u>さ(草) 풀

🔍 자세히 알아봐요

く의 소리에는 어떠한 차이가 있었나요? くに(国)의 く(ku)에 비해 くさ (草)의 く(ku)는 모음 [u]가 명료하게 들리지 않았을 거예요. 모음은 앞에서 봤 듯이 유성음(성대가 울리는 소리)이에요. 그런데 모음 i(い), u(う)는 아래 두 가 지 경우, 성대가 울리지 않는 무성음으로 발음되어 모음이 잘 들리지 않게 돼요. 이러한 현상을 모음의 무성화라고 해요.

① 무성 자음 + [i] 혹은 [u] + 무성 자음

[i] 혹은 [u]가 성대가 울리지 않는 무성 자음(か, さ, た, は, ぱ행의 자음: 로 마자로 표현하면 k, s, sh(し), t, ts(つ), ch(ち), h, f(ふ), p) 사이에 끼어 있을 때 앞 뒤의 소리의 영향을 받아 성대의 울림이 사라지는 모음의 무성화가 일어나요.

무성 자음		무성화		무성 자음
k / s / sh / t / ts / ch / h / f / p	**+**	i / u	**+**	k / s / sh / t / ts / ch / h / f / p

예시   (草) kusa = k 무성자음 + u + s 무성자음 + a → [kusa]

くさ (草) **k**usa 풀 ｜ した (下) **shi**ta 아래 ｜ ちか (地下) **chi**ka 지하

ふく (服) **fu**ku 옷 ｜ ピカチュウ pik**a**chuu 피카츄

② 무성 자음 + [i] 혹은 [u] 이 문장 끝에 올 때

가장 대표적인 것이 바로 です, ます예요.

ここです kokodes**u** 여기예요　　　　　ここにいます kokoniimas**u** 여기에 있어요

　단, 모음의 무성화는 방언, 말하는 속도 등에 따라 개인차가 있고 위 경우에 맞지 않는 *예외들도 있어요. 또한, 모음의 무성화로 발음하지 않더라도 의미는 통해요. 하지만 공통어(도쿄 방언)에서는 무성화를 한 발음이 일반적이며, 자연스럽고 깔끔한 느낌을 준답니다. 그리고 반대로 일본어를 들을 때, 무성화의 존재를 모르면 잘 안 들릴 수 있으니 연습해 보세요.

*예외

대표적인 예외로, 무성화하는 발음이 여러 개 연속될 때는 한 박 건너 뛰어 무성화가 일어나는 경향이 있어요. 전부 다 무성화로 발음하면 알아듣기 어렵기 때문이에요.

예 う**つ**くしい(美しい) 아름답다　　　　き**く**ちさん 기쿠치 씨

밑줄 친 부분의 유의하여 듣고 연습해 보세요.

1 <u>き</u>つい 힘들다   お<u>き</u>た(起きた) 일어나다

2 く<u>つ</u>(靴) 신발   や<u>く</u>そく(約束) 약속

3 し<u>か</u>し 그러나   あ<u>し</u>た(明日) 내일

4 だいす<u>き</u>(大好き) 좋아하다   <u>テ</u>ス<u>ト</u> 테스트

5 <u>ち</u>かい(近い) 가깝다   <u>ち</u>こく(遅刻) 지각

6 <u>つ</u>くえ(机) 책상   い<u>つ</u>か 언젠가

7 <u>ひ</u>かり(光) 빛   <u>ひ</u>とり(一人) 한 사람

8 <u>ふ</u>たり(二人) 두 사람   よう<u>ふ</u>く(洋服) 옷

9 <u>し</u>つれいしま<u>す</u>(失礼します) 실례하겠습니다

   お<u>つ</u>かれさまで<u>した</u>(お疲れ様でした) 수고하셨습니다

7. 장음

🎧 들어 보세요

ⓐ와 ⓑ를 비교해서 들어 보세요.

1 ⓐ **おばさん** 이모, 고모, 아줌마　　ⓑ **おばあさん** 할머니

2 ⓐ **かど(角)** 모서리　　ⓑ **カード** 카드

🔍 자세히 알아봐요

　위의 ⓐ, ⓑ에는 어떤 차이점이 있었나요? 귀로 들었을 때 한 번에 알 수 있는 가장 큰 차이는 바로 길게 늘여 발음하는 부분, 즉 장음이 있느냐 없느냐예요. 장음은 **おばあさん**, **カード**에서 밑줄 친 부분으로, 앞 모음을 한 박 늘여서 발음하는 소리예요. **おばあさん**으로 설명하면, [ば(ba)]로 끝내는 것이 아니라 [ば]의 모음 부분인 [あ]를 한 박 더 길게 늘여 이어서 발음하는 것이죠.

　장음의 발음 방법은 매우 간단해요. 앞 모음을 이어서, 즉 소리가 끊기는 부분 없이 한 박 더 길게 늘여 발음하는 것이에요. 예를 들어 **くうき(空気)**의 발음은 **く.う.き**가 아니라 **くーき**로 발음해요.

　장음은 일반적으로 **あ, い, う, え, お**단 뒤에 같은 모음이 올 때, 외래어에서는 '一'가 쓰인 부분을 장음으로 발음해요.

1　あ단 + あ

おか**あ**さん(お母さん) 엄마, 어머니　　**まあまあ** 그럭저럭

2　い단 + い

お**にい**さん(お兄さん) 형, 오빠　　お**じい**さん 할아버지

3　う단 + う

く**う**き(空気) 공기　　ふ**う**せん(風船) 풍선　　ち**ゅう**もん(注文) 주문

4 - (1)　え단 + え

お**ねえ**さん(お姉さん) 언니, 누나　　**ええ** 네

4 - (2)　え단 + い

えいが(映画) 영화　　**せんせい**(先生) 선생님　　**けい**ざい(経済) 경제

Tip え단 뒤에 い가 오는 경우에도 え를 한 박 더 늘려서 발음해요. (이 경우가 더 많아요!)

5 - (1)　お단 + お

おおきい(大きい) 크다　　**おお**さか(大阪) 오사카

5 - (2)　お단 + う

お**とう**さん(お父さん) 아빠, 아버지　　がっ**こう**(学校) 학교
し**ょう**じ**ょう**(症状) 증상

Tip お단 뒤에 う가 오는 경우에도 お를 한 박 더 늘려서 발음해요. (이 경우가 더 많아요!)

6　외래어의 경우

セール 세일　　**スーパー** 슈퍼　　**レシート** 영수증

*예외

겉보기엔 장음처럼 보이지만, 실제로는 장음으로 발음되지 않는 단어들도 있어요. 예를 들어, 聞いて는 きーて처럼 き와 い를 이어서 발음하지 않고 き.い.て로 발음해요.

예 とう(問う) 묻다 きいろ(黄色) 노란색
きいて(聞いて) 묻고, 물어서 きいた(聞いた) 물었다
めいっこ(姪っ子) (여자)조카

예외 단어는 어떠한 법칙으로 접근하기 보다는 그런 단어를 볼 때마다 '이건 장음으로 발음하지 않는구나'하고 그대로 받아들이며 익혀 가는 정도로 충분해요.

연습해 보세요

밑줄 친 부분의 유의하여 듣고 연습해 보세요.

1 今週末、友達と映画を見に行く。

이번 주말, 친구와 영화를 보러 간다.

しゅうまつ(週末) 주말 | えいが(映画) 영화

2 朝から症状がひどくて、学校を休みました。

아침부터 증상이 심해서 학교를 쉬었어요.

しょうじょう(症状) 증상 | がっこう(学校) 학교

3 仕事帰りにスーパーで半額セールのお弁当が買えて嬉しかった。

퇴근길에 슈퍼에서 반값 세일 도시락을 살 수 있어서 기뻤다.

スーパー 슈퍼 | セール 세일 | おべんとう(お弁当) 도시락

4 経済の授業で使うプレゼン資料を明日までにまとめなきゃいけない。

경제 수업에 사용할 프레젠테이션 자료를 내일까지 정리해야 한다.

けいざい(経済) 경제 | じゅぎょう(授業) 수업 | しりょう(資料) 자료

8. 촉음(っ・ッ)

🎧 들어 보세요

▶ Track | 2-8-1

ⓐ와 ⓑ를 비교해서 들어 보세요.

ⓐ きっぷ(切符) 표   ⓑ きって(切手) 우표

🔍 자세히 알아봐요

촉음은 っ(ッ)로 나타내며, 뒤에 오는 소리를 내기 위해 준비하며 한 박을 유지하는 음이에요. 즉, 뒤에 오는 소리와 동일한 혀의 위치나 입 모양으로 발음이 되는데 이는 뒤에 오는 소리를 발음하기 위해 촉음에서 미리 준비하는 거예요.

きっぷ와 きって를 천천히 번갈아 발음해 보세요. 그리고 이때 입의 움직임이나 혀의 위치가 어떻게 다른지 느껴 보세요. 먼저, きっぷ의 촉음 뒤에 오는 소리는 ぷ로, 입을 다물었다가 떼면서 발음해요. 따라서 っ 발음을 할 때도 입을 다문 상태로 한 박을 유지해요. 반면, きって의 촉음 뒤에 오는 소리는 て로, 끝이 위 앞니 바로 뒤의 잇몸에 닿았다가 떨어지며 발음해요. 따라서 っ 발음을 할 때도 혀끝이 같은 위치에 머문 채로 한 박을 유지해요.

1

ひっかく(引っかく) 할퀴다　　　にっき(日記) 일기

びっくり 깜짝 놀람　　　じっけん(実験) 실험

けっこう(結構) 꽤

2

さっさと 얼른　　　ざっし(雑誌) 잡지

ひっす(必須) 필수　　　たっせい(達成) 달성

しっそ(質素) 검소

3

いったい(一体) 도대체　　　こっち 여기

みっつ(三つ) 세 개　　　きって(切って) 자르고, 잘라서

ちょっと 조금

4

やっぱり 역시　　　すっぴん 맨얼굴

しっぷ(湿布) 파스　　　ほっぺ 볼

いっぽ(一歩) 한 걸음

5

スタッフ 스태프　　　ゴッホ 고흐

バッグ 백, 가방　　　ベッド 침대

 연습해 보세요

밑줄 친 부분을 유의하여 듣고 연습해 보세요.

1 <u>けっこう</u>歩いたし、<u>ちょっと</u>休もう。

꽤 걸었으니까 좀 쉬자.

けっこう(結構) 꽤 ｜ ちょっと 조금

2 腰が痛くて一日中<u>湿布</u>を<u>貼って</u>ます。

허리가 아파서 하루 종일 파스를 붙이고 있어요.

しっぷ(湿布) 파스 ｜ はって(貼って) 붙이고, 붙여서

3 昨日前髪<u>切った</u>けど、<u>もっと短く</u>すれば<u>よかった</u>。

어제 앞머리를 잘랐는데 더 짧게 자를 걸 그랬어.

きった(切った) 잘랐다 ｜ もっと 더 ｜ -すればよかった ~할 걸 그랬다

4 この<u>真っ白</u>のシャツ、サイズも<u>ぴったり</u>で<u>すっごく気に入って</u>ます。

이 새하얀 셔츠, 사이즈도 딱 맞고 엄청 마음에 들어요.

まっしろ(真っ白) 새하얗다 ｜ ぴったり 딱 ｜ すっごく 엄청 ｜ きにいって(気に
入って) 마음에 들고, 마음에 들어서

🎧 들어 보세요

● Track | 2-9-1

ⓐ와 ⓑ를 비교해서 들어 보세요.

ⓐ **せんぱい(先輩)** 선배　　　　　　ⓑ **せんせい(先生)** 선생님

🔍 자세히 알아봐요

ん(ン)은 흔히 한국어의 ㄴ, ㅇ과 같은 받침이라고 생각하기 쉬운데, 모든 단어의 ん을 단순히 ㄴ이나 ㅇ으로 접근하게 되면 부자연스러운 발음이 돼요. 기본적으로 ん은 뒤에 오는 소리에 따라 혀의 위치나 입 모양이 달라져요. 촉음과 마찬가지로 뒤에 오는 소리를 발음하기 위해 ん에서 미리 준비하는 거예요.

せんぱい와 せんせい를 천천히 번갈아 발음해 보세요. 그리고 이때 입의 움직임이나 혀의 위치가 어떻게 다른지 느껴 보세요. 먼저, せんぱい의 ん 뒤에 오는 소리는 ぱ로, 입을 다물었다가 열면서 발음해요. 따라서 ん을 발음할 때도 입을 다문 채로 소리를 내며 한 박을 유지해요. 반면, せんせい의 ん 뒤에 오는 소리는 せ로, 혀끝이 위 앞니 바로 뒤의 잇몸 근처에 있어요. 따라서 ん을 발음할 때도 혀끝이 같은 위치에 머문 채로 소리를 내며 한 박을 유지해요.

ん의 발음은 뒤에 오는 소리에 따라 크게 5가지로 나뉘어요. 이해를 돕기 위해 각 발음 원리를 알려드리지만, 공식처럼 외울 필요는 전혀 없어요. 발음하기 쉽도록 뒤에 오는 소리에 따라 자연스럽게 달라지는 것뿐이니까요. 발음 원리를 이해한 뒤, 자주 듣고 따라 하면서 감각적으로 익숙해지는 것! 그게 가장 자연스럽고 효과적인 연습 방법이에요. 거울을 보며 입과 혀의 움직임도 함께 확인해 보세요.

듣고 따라 해 보세요

1 ん(ン)+ ぱ · ば · ま행　　　　　　　　　　　　　● Track | 2-9-2

えんぴつ 연필　　　　　がんばる(頑張る) 열심히 하다　　　　ぎんみ(吟味) 음미

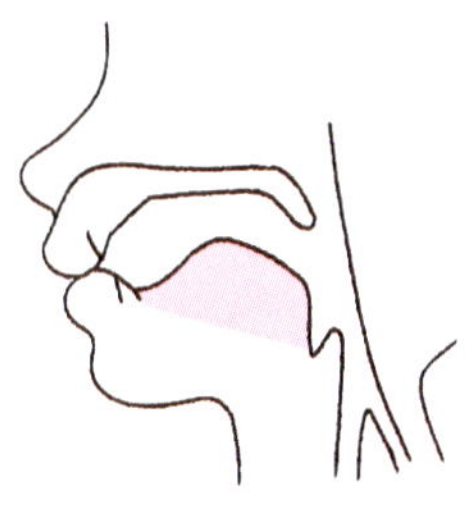

ぴ, ば, み를 발음했을 때 입이 어떻게 움직였나요? 모두 입술을 다물었다가 떼면서 소리가 나죠. 그리고 えんぴつ, がんばる, ぎんみ를 천천히 발음해 보세요. ん을 발음할 때 의식하지 않아도 자연스럽게 입을 다물었을 거예요. 위에서 설명했듯이 뒤에 오는 자음을 발음하기 위해 ん에서 미리 준비했기 때문이에요.

2 ん(ン)＋た・だ・な・ざ・ら행

インターネット 인터넷　　もんだい(問題) 문제　　みんな 모두

せんざい(洗剤) 세제　　しんらい(信頼)신뢰

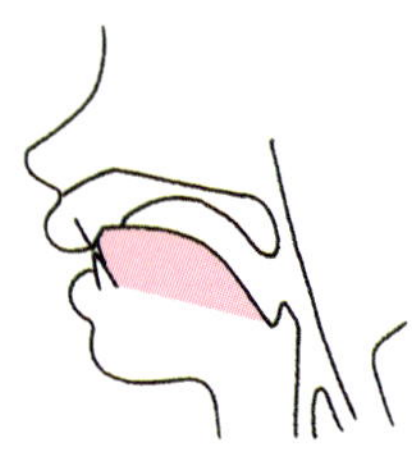

た, だ, な, ざ, ら를 발음했을 때 혀가 어떻게 움직였나요? 모두 혀끝이 위 앞니 바로 뒤의 잇몸에 닿았다가 떨어지면서 소리가 나죠. 그리고 インターネット, もんだい, みんな, せんざい, しんらい를 천천히 발음해 보세요. ん을 발음할 때 혀끝이 동일한 위치에 가 있는 것을 알 수 있을 거예요.

*주의

한국어의 '신뢰'를 [실뢰]로 발음하듯이, ん 뒤에 ら행이 오면 무의식적으로 ん을 ㄹ처럼 발음하기 쉬우니 주의해 주세요.

예 ほんらい(本来) 본래　　こんらん(混乱) 혼란

Tip ち, じ, に는 た, ざ, な와 비교했을 때 위 앞니 바로 뒤의 잇몸보다 살짝 더 안쪽에 혀가 닿아요. な와 に를 번갈아 발음하며 혀의 위치를 비교해 보세요. 하지만 너무 엄밀하게 하지 구별하지 않아도 돼요.

3 ん(ン) + か・が행

しんか(進化) 진화　　　　しんけい(神経) 신경　　　　おんがく(音楽) 음악

こんげつ(今月) 이번 달

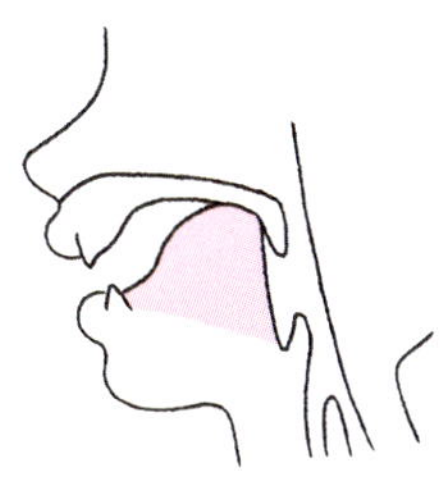

か, け, が, げ를 발음했을 때 혀의 어느 부분에서 움직임이나 힘이 들어가는 듯한 느낌을 받았나요? 모두 혀의 안쪽 부분에서 움직임이 느껴졌을 거예요. 입천장의 위 앞니 뒤 볼록 튀어나온 부분부터 차례대로 안쪽까지 손으로 만져 보세요. 그러면 계속해서 딱딱한 부분이 이어지다가 그 다음에 부드러운 부분이 만져질 거예요. 바로 か, け, が, げ는 혀가 입천장의 부드러운 부분 언저리에 닿으면서 소리가 나요. しんか, しんけい, おんがく, こんげつ를 천천히 발음해 보세요. ん을 발음할 때도 동일한 위치에서 움직임이 느껴졌을 거예요.

4 ん 뒤에 아무것도 없을 때

ほん(本) 책　　　　きょねん(去年) 작년　　　　パン 빵

ありません 없습니다

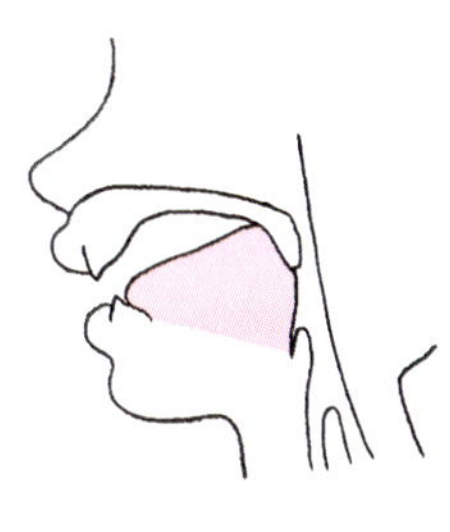

ん 뒤에 아무것도 없을 때 역시 혀의 안쪽 부분에서 움직임이 느껴졌을 거예요. 이때 혀가 닿는 위치는 3번보다 더 깊은, 목젖 쪽이에요. 그런데 아무리 거울로 봐도 혀가 목젖에 닿고 있는지 아닌지 잘 모르겠죠? 2번처럼 알기 쉬운 부분에 혀가 닿는 게 아니다 보니 바로 감이 안 올 수도 있어요. 그러니 억지로 위치를 찾으려 애쓰기보다 다음 포인트에 집중해 보세요.

단어 끝에 오는 ん은 특히 한국어의 ㅇ받침처럼 발음하기 쉬워요. '아리마셍'과 **ありません**을 비교해 보면, **せん**을 발음할 때는 '셍'처럼 ん 소리를 급하게 끊지 않아요. 한 박을 충분히 지켜 보세요. 그때 목젖 근처, 혀 안쪽에서 미세한 움직임(에너지)이 느껴진다면 발음도 잘하고 있는 거예요.

5 ん(ン)+あ・や・わ・さ・は행　　　　　　　　　　●Track│2-9-7

れんあい(恋愛) 연애　　　　**うんえい(運営)** 운영　　　**こんや(今夜)** 오늘 밤
でんわ(電話) 전화　　　　**けんさ(検査)** 검사　　　**パンフレット** 팸플릿

　あ, や, わ, さ, は를 발음했을 때 혀의 어느 부분에서 움직임이나 힘이 들어가는 듯한 느낌을 받았나요? 아마 혀가 입안의 어느 부분에 닿는 느낌이 없이 소리가 나왔을 거예요. ん을 발음할 때 1번은 입술을 다물고 2~4번은 혀가 어딘가에 닿는데요. 5번은 혀가 입안의 어느 곳에도 닿지 않아요. 그리고 다른 발음에 비교해서 좀 더 비음이 강한 것처럼 들릴 수 있어요. 하지만 일부러 과장해서 그러한 소리를 내려고 할 필요는 없어요.

대표 단어로 ん 발음 익히기

뒤에 오는 자음	대표 단어	발음 포인트
ぱ・ば・ま행	がんばる	입술 다물었다 떼기
た・だ・な・ざ・ら행	みんな	혀끝이 위 잇몸에 닿음
か・が행	おんがく	혀 안쪽이 입천장 부드러운 곳에 닿음
X	パン	혀 안쪽이 목젖 쪽에 닿음
あ・や・わ・さ・は행	でんわ	혀가 닿지 않음

🗨 연습해 보세요

밑줄 친 부분의 유의하여 듣고 연습해 보세요.

1 今月、日本から友達が来ます。

이번 달, 일본에서 친구가 와요.

こんげつ(今月) 이번 달 | にほん(日本) 일본

2 好きなマンガを読みながらのんびりと過ごすのが好きです。

좋아하는 만화를 읽으면서 느긋하게 보내는 것을 좋아해요.

マンガ 만화 | のんびり 느긋하게

3 最近は忙しくて、恋愛どころか家族に電話する時間すらありません。

요즘은 바빠서 연애는커녕 가족에게 전화할 시간조차 없어요.

さいきん(最近) 최근, 요즘 | れんあい(恋愛) 연애 | でんわ(電話) 전화

じかん(時間) 시간 | ありません 없습니다

4 去年は台風で行けなかったけど、今年こそ富士山に登って、温泉にも入りたい。

작년에는 태풍 때문에 가지 못했지만, 올해야말로 후지산에 올라서 온천에도 들어가고 싶다.

きょねん(去年) 작년 | ふじさん(富士山) 후지산 | おんせん(温泉) 온천

☀ 아이를 통해 본 ん 발음 ☀

저는 세 살짜리 한일 혼혈 아이를 키우고 있는데, 아이가 한국어와 일본어를 배워가는 모습을 보며 발음을 세심하게 관찰하곤 해요. 그 중 ん 발음에 얽힌 재미있는 에피소드를 소개할게요.

🍎 김치 vs きんち

어느 날 아이가 '김치'라고 말하는 걸 보고 깜짝 놀랐어요. 한국어 '김치'가 아니라 일본어 'きんち'였기 때문이에요. 아이는 'ㅁ' 받침을 입술을 다물어 발음하지 않고, 뒤에 ち가 오니 마치 おんち(音痴)를 말할 때처럼 소리 내고 있었어요. '감사합니다'의 '감사'도 마찬가지였어요. 그래서 제가 '김! 감! 입술을 꾹 다물어야 해'라고 알려주면, 아이가 다시 또박또박 따라 하곤 해요. 금방 까먹고 원래로 돌아가지만요. 그 모습을 보면서 귀여워 웃음이 나면서, '아, 이 아이는 일본에서 자라다 보니 발음 체계도 일본어로 잡혔구나. 그래서 한국어 받침을 자연스럽게 일본어 ん처럼 발음하는구나'하고 느꼈어요. ん의 발음 원리가 아이 입을 통해 눈앞에 드러나는 걸 보니, 정말 신기했어요.

10. 외래어 발음

🦻 들어 보세요

아래 단어의 한국어 발음과 일본어 발음을 비교해 들어 보세요.

1 로손 / ローソン

2 세븐일레븐 / *セブン

3 패밀리마트 / *ファミマ

*セブンイレブンの 축약어 * ファミリーマートの 축약어

🔍 자세히 알아봐요

일본식 외래어를 발음할 때, 나도 모르게 한국식 발음이 나오거나 나름대로 일본어처럼 바꿔 말하는 경우가 종종 있어요. 하지만 이렇게 하면 어색하게 들리고 실제 일본어 발음과는 미묘한 차이가 생기기 쉬워요.

자연스럽고 정확한 외래어 발음을 위해서는 다음 세 가지 포인트에 주의해 보세요.

① 장음 　　　② さ행 발음 　　　③ ファ・フィ・フェ・フォ 발음

이 세 가지는 말로만 들으면 어렵게 느껴질 수도 있지만, 우리가 잘 알고 있는 일본의 편의점 이름들을 보면 훨씬 이해가 쉬워져요.

장음	さ행 발음	ファ・フィ・フェ・フォ 발음
ローソン	**セブン**	**ファミマ**

| 장음 |

　로손은 일본어로 ローソン으로, ロ 다음에 장음(ー)이 들어가요. 이처럼 외래어에는 장음이 들어가는 경우가 많은데 막상 어디를 길게 발음해야 할지 헷갈릴 때가 있어요. 예를 들어 '해리포터'는 일본어로 어떻게 말할까요? 힌트는 장음은 두 군데 들어 있다는 것! ハリーポータ? ハーリーポッタ?

　정답은 ハリーポッター예요. 외래어는 발음 자체도 익숙하지 않기에 장음의 위치까지 단번에 외우는 게 쉽지 않아요. 소리만 들어서는 금방 잊어버릴 수 있으니 최소 10번은 소리 내어 발음하면서 동시에 손으로 써 보세요. 눈으로도 장음의 위치를 익혀두면 훨씬 기억에 잘 남아요. 참고로, 'er로 끝나는 단어는 마지막에 ー(장음)를 붙인다'와 같은 표기 규칙도 있어요. 하지만 우리도 한국어의 외래어 표기법을 다 외우고 말하는 건 아니죠. 게다가 이런 규칙을 적용하려면 원래 영어 단어의 스펠링까지 알고 있어야 하니 규칙보다는 자주 듣고 써보면서 자연스럽게 익히는 것이 가장 좋아요.

🔊 듣고 따라 해 보세요　　　　　　　　　　▶ Track | 2-10-2

チョコレート 초콜릿	**ハンバーガー** 햄버거	**カルボナーラ** 카르보나라
カレー 카레	**トースト** 토스트	**コーラ** 콜라
ジュース 주스	**コーヒー** 커피	

세븐일레븐은 일본어로 **セブンイレブン**이라고 하고, 보통 줄여서 **セブン** 이라고 해요. 종종 한국인들은 한국어의 '세븐'처럼 [쎄븐]으로 발음하는 경우 가 있어요. 이처럼 한국어의 영향으로 특히 **サ, シ, セ, ソ**가 단어의 처음에 올 때 세게 발음되기 쉬우니 주의해 주세요.

🔈 듣고 따라 해 보세요

▶ Track | 2-10-3

サ	**サッカー** 축구	**サービス** 서비스	**シ**	**システム** 시스템	**シングル** 싱글
セ	**センター** 센터	**セット** 세트	**ソ**	**ソース** 소스	**ソーセージ** 소시지

ファ・フィ・フェ・フォ 발음

패밀리마트는 일본어로 **ファミリーマート**라고 하고, 보통 말할 때는 줄여 서 **ファミマ**라고 해요. '패'를 ペ가 아니라 **ファ**로 발음해요. 외래어 발음에 더 가까운 느낌을 살리기 위해 이렇게 작은 모음이 들어간 발음을 쓰는 경우가 있 어요. 그중에서도 일상에서 자주 접하는 외래어 단어에서 많이 보이는 발음이 바로 **ファ, フィ, フェ, フォ**예요.

발음 방법은 간단해요. 예를 들어 **ファ**는 요음(**きゃ, しゅ** 등)처럼 두 박이 아 니라 한 박으로 발음해요. 가장 쉬운 연습 방법은 처음에 **フ**와 **ア**를 또박또박 천천히 말하다가 점점 속도를 높여 하나의 소리로 자연스럽게 이어 말해보는 거예요. 마치 '이'와 '에'를 빠르게 말하면 '예'가 되는 것과 비슷한 원리죠. 단, 영 어의 f처럼 아랫입술을 꽉 깨물며 발음하지 않도록 주의해 주세요. **フ**는 마치 촛불을 끄듯, 입술을 가볍게 모아 공기를 내보내는 느낌으로 발음해야 해요.

🎧 듣고 따라 해 보세요 ①

▶ Track | 2-10-4

フ　ア　→　フア　→　ファ

ワイファイ 와이파이　ファン 팬　*ファミレス 패밀리 레스토랑

フ　イ　→　フイ　→　フィ

フィギュア 피규어　マフィン 머핀　フィードバック 피드백

フ　エ　→　フエ　→　フェ

カフェ 카페　フェス 페스티벌　フェンシング 펜싱

フ　オ　→　フオ　→　フォ

フォロー 팔로우　フォーク 포크　アイフォーン（アイフォン） 아이폰

*ファミリーレストランの 축약어

　이 외에도 아래와 같은 발음들도 볼 수 있는데 ファ와 같은 방법으로 연습하면 자연스럽게 익힐 수 있어요.

🎧 듣고 따라 해 보세요 ②

▶ Track | 2-10-5

ウェ ウェブ 웹　　　　　シェ シェア 쉐어

ジェ ジェイ 제이(J)　　　チェ チェック 체크

연습해 보세요

밑줄 친 부분의 유의하여 듣고 연습해 보세요.

1 <u>カフェ</u>で<u>ホットコーヒー</u>を飲_のんで一休_{ひとやす}みした。

카페에서 뜨거운 커피를 마시며 잠시 쉬었다.

カフェ 카페 │ **コーヒー** 커피

2 <u>セブン</u>で<u>サンドイッチ</u>と<u>ソーセージ</u>を買_かいました。

세븐일레븐에서 샌드위치와 소시지를 샀어요.

セブン 세븐일레븐 │ **サンドイッチ** 샌드위치 │ **ソーセージ** 소시지

3 <u>ワイファイ</u>の調子_{ちょうし}が悪_{わる}くて見_みたい<u>サイト</u>が開_{ひら}かない。

와이파이 상태가 안 좋아서 보고 싶은 사이트가 안 열린다.

ワイファイ 와이파이 │ **サイト** 사이트

4 <u>ファミレス</u>でいちご<u>パフェ</u>を食_たべた。

패밀리 레스토랑에서 딸기 파르페를 먹었다.

ファミレス 패밀리 레스토랑 │ **パフェ** 파르페

☀ 《バックトゥザフューチャー》라고?! ☀

저는 영화 《백 투 더 퓨처》를 정말 좋아하는데요. 예전에 일본인 친구와 좋아하는 영화에 대해 이야기하다가 [백 투 더 퓨처]라고 말했는데 전혀 통하지 않더라고요. 일본식 발음은 [バックトゥザフューチャー]. 생각보다 길고 발음도 제가 예상했던 것과 많이 달라서 정말 놀랐어요.

사실 미국인 입장에서 보면 한국식 발음도 어색하게 느껴질 거예요. 따라서 일본식 외래어를 '특별히 더 어렵고 복잡한 것'이라고 생각하기보다, 그저 내가 표현하고 싶은 단어 중 하나라고 가볍게 받아들이면 훨씬 더 익히기 쉬울 거예요. 일본어로 한국이 かんこく인 듯이 '백 투 더 퓨처'는 그냥 バックトゥザフューチャー 단순하게 있는 그대로 받아들이는 것이 일본식 외래어를 내 것으로 만들 수 있는 가장 쉬운 접근법이라 생각해요.

저 역시 익숙하지 않은 외국 배우 이름이나 영어 영화 제목은 바로바로 일본어로 말하지 못할 때가 있어요. 그럴 때마다 '아, 또 재미있는 단어 하나 알았다'하고 하나씩 익히고 있어요. 모든 외래어를 다 외우는 것은 무리가 있으니 내가 자주 쓰는, 혹은 앞으로 말하고 싶은 단어부터 찾아서 단어를 모아가는 방법을 추천해 드려요.

〈명작 영화 한–일 이름 비교〉

▶ Track | 2-10-7

한국어	일본어
어벤져스	アベンジャーズ
스타워즈	スターウォーズ
타이타닉	タイタニック
킹스맨	キングスマン
미션 임파서블	ミッション インポッシブル
쥬라기 월드	ジュラシックワールド

Chapter 3

일본어의 악센트

우리가 스스로의 힘으로 일본어로 문장을 만들어 말할 수 있게 된 건, 문장을 만드는 방법인 문법을 익히고 단어를 하나하나 외우며 표현력을 키워왔기 때문이에요. 악센트도 마찬가지예요. 이번 챕터를 통해 일본어 악센트가 어떠한 패턴을 가지고 있는지 이해하고, 소리를 있는 그대로 듣고 따라 하며 우리가 자주 쓰는 단어들의 진짜 일본어다운 악센트를 익혀 봐요.

1. 자연스러운 악센트를 익히는 37가지 요소

2. 일본어 악센트 기본 개념

3. 악센트 캐치, 표현 감각 기르기

4. 동사의 악센트 기본 패턴

5. い형용사의 악센트 기본 패턴

6. 복합명사의 악센트 기본 패턴

1. 자연스러운 일본어 악센트를 익히는 3가지 요소

자연스러운 일본어 악센트를 익히는 과정은 마치 게임 퀘스트를 하나하나 클리어해 나가는 것과 같아요. 꾸준히 듣고 따라 하며 자연스러운 악센트로 말할 수 있는 단어의 범위를 점점 넓혀가는 것이죠. 이 과정에서 꼭 필요한 3가지 요소를 알려 드릴게요.

| 악센트를 캐치하기 |

먼저, 단어를 들었을 때 음이 어디서 높고 낮은지를 캐치하는 것이 중요해요. 일본어의 악센트는 단어마다 다르기 때문에 하나하나 익혀야 해요. 단어의 악센트를 사전 등에서 찾아보면서 익히는 것도 좋은 방법이지만, 듣고 바로 악센트를 캐치할 수 있다면 훨씬 더 빠르고 자연스럽게 습득할 수 있어요.

❘ 들리는 대로 따라 하고 말하기 ❘

처음에는 들리는 대로 따라 하려 해도 어색하거나 원어민 발음과 비교했을 때 미묘하게 다르게 느껴질 수 있어요. 그렇다고 조급해할 필요는 없어요. 처음 일본어를 배울 때 쉬운 단어부터 익혔듯이, 자주 듣고 쓰는 친근한 단어부터 차근차근 따라 해 보세요. 예를 들어 ドア를 발음해 볼까요? ドア의 악센트는 첫 음이 높고 두 번째 음이 낮은 [고저]예요. 여러 번 소리 내어 말해보면 금방 자연스러운 악센트로 말할 수 있을 거예요.

🔊 듣고 따라 해 보세요　　　　　　　　　　　● Track | 3-1-1

고
저
ドア

그리고 이렇게 익힌 단어를 활용해 간단한 문장을 만들어 직접 말해보는 연습이 필요해요. 단순히 듣고 따라 하기만 하면 실전에서 자연스럽게 나오기 어려울 수 있기 때문이에요. 짧고 쉬운 문장부터 점점 더 다양한 표현을 넣어 연습하면, 배운 단어가 내 것이 되어 머리로 계산하지 않고도 자연스럽게 말할 수 있어요. 정리하면, [귀로 캐치 → 따라 하기 → 직접 말해보기]까지 연결하는 것이 중요해요.

| 악센트의 기준 만들기 (이론은 '부스터' 역할!) |

악센트를 캐치하고 따라 하는 감각을 키우는 과정에서 앞으로 배울 악센트의 개념과 기본 패턴을 아는 것이 든든한 길잡이 역할을 해줄 수 있어요. 위에서 말했듯이 악센트는 기본적으로 단어마다 다르지만, 동사, い형용사, 복합명사 등에는 적용하기 쉬운 기본 패턴이 있어요. 그저 감으로만 익히는 것보다 기본 원리를 알고 있으면 단어의 악센트를 더 쉽게 예측하고 빠르게 습득할 수 있어요. 음의 높낮이를 캐치할 때 유추할 수 있는 확률이 높아지고, 처음 보는 단어라도 익힌 패턴을 활용해 발음해 볼 수 있죠. 또한, 악센트가 헷갈릴 때 참고할 수 있는 기준이 생겨요. 이처럼 단순히 규칙을 외우는 것을 넘어서 일본어 악센트에 대한 감각을 훨씬 더 수월하게 익히는 데 큰 도움이 돼요.

하지만 패턴을 완벽하게 암기하는 것이 목표가 되어서는 안 돼요. 이론은 어디까지나 악센트 감각을 체화시키는 것을 돕는 부스터 역할이에요.

자동차로 비유하자면, 귀로 캐치하고 입으로 표현하는 과정이 "주행"이라면, 이론은 필요할 때 속도를 높여주는 "터보 엔진" 같은 존재라고 생각하면 돼요. 즉, 이론만 공부한다고 해서 일본어 악센트에 익숙해지는 것은 아니지만, 듣고 따라 하는 과정에서 악센트의 기준이 있으면 더 정확하고 빠르게 습득할 수 있어요.

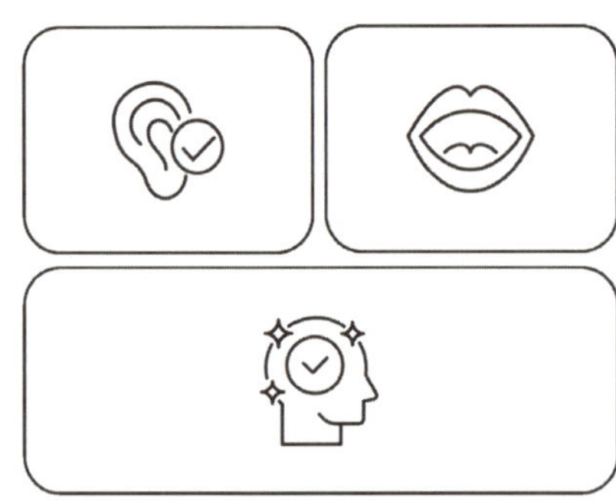

2. 일본어 악센트 기본 개념

◉ Track | 3-2-1

ⓐ와 ⓑ를 비교해서 들어 보세요.

ⓐ あめ(雨) 비

ⓑ あめ(飴) 사탕

🔍 자세히 알아봐요

| 일본어의 악센트란? |

일본어의 악센트는 고저(高低)악센트로, 단어 안에서 음의 높낮이 변화를 말해요. 예로 들어 あめ(雨)는 あ를 높게, め를 낮게 발음하고, あめ(飴)는 あ는 낮게, め를 높게 발음하는 악센트를 가져요. 이처럼 히라가나는 같아도 악센트에 따라 의미가 달라지는 경우가 있어요.

◉ Track | 3-2-2

✅ 못 먹는 건 굴(かき/牡蠣)인데 악센트를 반대로 말해서 감(かき/柿)로 전달되었어요.

| 일본어 악센트의 2가지 규칙 |

일본어 악센트에는 2가지 규칙이 있어요.

① 첫 번째 박과 그다음 박은 음의 높이가 달라요.

② 한 단어 안에서 한번 낮아진 음의 높이는 다시 높아지지 않아요.

예를 들어 トイレ를 한국어의 '화장실'처럼 발음하면 トイレ[고고저]가 되는데 이는 ①번 규칙에 어긋나요. トイレ는 첫 번째 박이 높은음으로 시작하기 때문에 두 번째 박인 イ는 낮은음으로 발음해야 해요. 즉, [고→저] 혹은 [저→고] 두 경우가 있는 것이죠.

그리고 ②번 규칙에 따라 イ에서 음이 낮아진 후에는 다시 높아지지 않고 단어가 끝날 때까지 미끄럼틀처럼 쑥 내려가는 악센트가 돼요.

トイレ (X)　　トイレ (X)　　トイレ (O)

만약 음이 낮아진 후에 다시 높아진다면 이는 한 단어가 아니라 서로 다른 단어가 이어진 것으로 들려요. 예로 들어, 닭은 にわとり[저고고고]로 발음해요. 그런데 이를 にわとり[고저저고]로 발음하면 にわ(二羽)와 とり(鳥)의 두 단어로 들려요. 닭이 아닌 '두 마리', '새'라는 의미로 바뀌는 것이죠.

🔊 듣고 따라 해 보세요　　　　　　　　　　⊙ Track | 3-2-3

にわとりがいる(鶏がいる) 닭이 있다

にわとりがいる(二羽鳥がいる) 두 마리 새가 있다

일본어 악센트의 4가지 형태

일본어 악센트는 아래 두 가지에 따라 4가지 형태로 나뉘어요.

① 한 단어 안에서 음의 높이가 [고→저]로 낮아지는 부분이 있는가?

② 있다면 어디에 있는가?

　예를 들어 あめ(雨)는 あ에서 높았던 음이 め에서 낮아지죠. 반면, あめ(飴)는 あ는 낮게, め를 높게 발음하기에 [고→저]로 음이 낮아지는 부분이 없어요. 일본어의 악센트는 [고→저]로 음이 낮아지는 부분이 있는 형태와 없는 형태로 나뉘어요. 그리고 한 단어 안에서 음이 [고→저]로 낮아질 때, 낮은음(雨의 め) 바로 앞의 높은음(雨의 あ), 즉 음이 낮아지기 직전의 높은음 박에 "악센트의 핵"이 있다고 말해요. 바꿔 말하면, 악센트의 핵 다음 박에서 음이 낮아지는 거죠.

● Track | 3 - 2 - 4

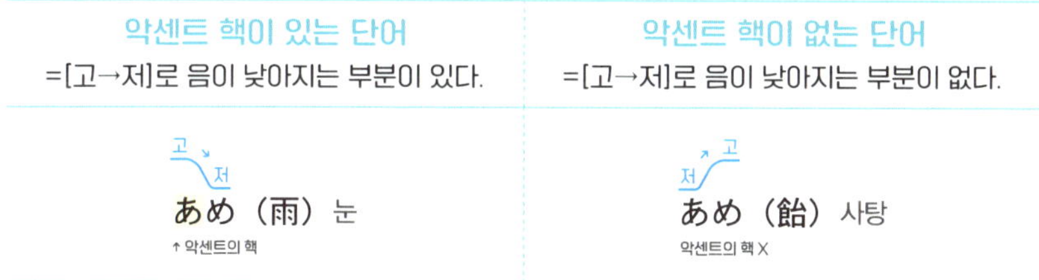

　그럼, 악센트의 4가지 형태를 알아볼게요. 악센트의 핵이 어디 있는지 알기 쉽도록 해당 박에 [┐]로 표시했어요.

핵의 유무	있다			없다
핵의 위치	처음	중간	끝	-
형태	기복형			평판형
	두고형	중고형	미고형	
예	ねこが (猫が) 고양이가	おかしが (お菓子が) 과자가	いぬが (犬が) 개가	うしが (牛が) 소가

🔊 듣고 따라 해 보세요

1　　　　　　　　　　　　　　　　　　　　　⊙ Track | 3-2-6

ねこが　　　　　　バナナが　　　　　　たいようが

(猫が) 고양이가　　　바나나가　　　　　(太陽が) 태양이

두고형(頭高型)은 첫 번째 박에 악센트의 핵이 있어요. 단어의 첫 번째 박의 음이 높고 그다음부터는 낮아져요. 곡선을 보면 이름 그대로 단어의 처음, 즉 머리(頭)이 높은(高) 모양이에요.

2　　　　　　　　　　　　　　　　　　　　　⊙ Track | 3-2-7

おかしが　　　　　　おにぎりが　　　　　　なつやすみが

(お菓子が) 과자가　　　주먹밥이　　　　　(夏休みが) 여름 방학이

중고형(中高型)은 단어의 중간에 악센트의 핵이 있어요. 단어가 끝나기 전 어딘가에서 음이 낮아져요. 곡선을 보면 이름 그대로 단어의 중간(中)이 높은 (高) 모양이에요.

いぬが　　　　　　　　　あしたが　　　　　　　　　いもうとが
(犬が) 개가　　　　　　(明日が) 내일이　　　　　(妹が) 여동생이

미고형(尾高型)은 단어의 마지막 박에 악센트의 핵이 있어요. 단어 마지막까지는 음이 [고→저]로 낮아지는 곳이 없다가 단어 뒤에 오는 조사에서 음이 낮아져요. 곡선을 보면 단어 마지막, 즉 꼬리(尾)까지 높은(高) 모양이죠.

うしが　　　　　　　　　さくらが　　　　　　　　　ともだちが
(牛が) 소가　　　　　　(桜が) 벚꽃이　　　　　　(友達が) 친구가

평판형(平板型)은 악센트의 핵이 없어요. 단어 마지막까지 음이 [고→저]로 낮아지는 곳이 없는 점은 미고형과 같아요. 하지만 악센트의 핵이 없기에 미고형과 달리 단어 뒤에 오는 조사도 음이 높은 상태로 발음돼요. 곡선을 보면 쭉 평평한(平) 모양이죠.

> **Tip** 미고형과 평판형은 둘 다 단어 마지막까지 높은음이 유지되기에 단어만 봐서는 구분이 어려워요. 조사를 붙였을 때 미고형인지 평판형인지를 알 수 있답니다.

미고형	いぬが (犬が) 개가	あしたが (明日が) 내일이	いもうとが (妹が) 여동생이
평판형	うしが (牛が) 소가	さくらが (桜が) 벚꽃이	ともだちが (友達が) 친구가

🗣 연습해 보세요 ①

음성을 듣고 악센트의 형태가 다른 단어를 골라 보세요.

1 バナナが [두고형]
바나나가

① かぞくが(家族が)　　② ごはんが(ご飯が)　　③ にほんが(日本が)
　가족이　　　　　　　　밥이　　　　　　　　　일본이

2 おかしが [중고형]
과자가

① あなたが　　　　　② はなびが(花火が)　　③ しちじが(7時が)
　당신이　　　　　　　불꽃놀이가　　　　　　7시가

3 あしたが [미고형]
내일이

① やすみが(休みが)　　② つくえが(机が)　　③ おとこが(男が)
　휴일이　　　　　　　　책상이　　　　　　　남자가

4 さくらが [평판형]
벚꽃이

① からだが(体が)　　② えいごが(英語が)　　③ ちからが(力が)
　몸이　　　　　　　　영어가　　　　　　　　힘이

🗣 연습해 보세요 ②

악센트에 유의하여 듣고 연습해 보세요.

1 バナナです 바나나입니다　　かぞくです 가족입니다　　ごはんです 밥입니다

2 おかしです 과자입니다　　あなたです 당신입니다　　しちじです 7시입니다

3 あしたです 내일입니다　　やすみです 휴일입니다　　おとこです 남자입니다

4 さくらです 벚꽃입니다　　からだです 몸입니다　　えいごです 영어입니다

☀ 악센트를 빠르게 익히는 방법 ☀

저는 교환학생 시절, 일본인 친구들과 대화하면서 새롭게 알게 된 단어를 들리는 그대로 곧바로 따라 하고 메모해 뒀어요. '아, 이 단어는 이런 악센트로 말하는구나!'하고 캐치한 뒤, 대답할 때 꼭 그 단어를 넣어 말해본 거예요. 억지로 외우려 하기보다, 그 순간 귀로 느낀 소리를 그대로 흉내 내는 거죠.

▶ Track | 3 – 2 – 13

→ そうだね、本当だね가 아니라 새롭게 알게 된 악센트의 단어를 넣어서 그대로 따라 말한 거예요.

이렇게 악센트를 캐치하고 들린 그대로 따라 하는 과정을 반복하다 보니, 억지로 외우려고 하지 않아도 단어들의 악센트가 자연스럽게 몸에 익었어요. 물론 처음엔 잘 안 들리고 자신 없을 수도 있어요. 하지만 괜찮아요. 중요한 건 완벽하게 맞히는 게 아니라 "들린 대로 따라 말해보는 습관"이에요. 작은 시도를 반복하다 보면 귀도 점점 예리해지고, 악센트 감각도 차츰 자리 잡아요. 어느 순간 '아, 이제 이 단어 자연스럽게 발음하고 있네'라고 느끼게 될 거예요.

일본어 회화 실력을 높이려면, 얼마나 많은 어휘를 알고 실제로 활용할 수 있는지가 중요하죠. 일본어 발음도 마찬가지예요. 자연스러운 악센트로 말할 수 있는 단어가 많아질수록 더 유창하게 말할 수 있어요. 이제부터 악센트를 귀로 캐치하고 바로 입으로 표현하는 습관을 차근차근 들여 보세요.

3. 악센트 캐치, 표현 감각 기르기

일본 드라마나 애니메이션을 매일 챙겨 보는데도 일본어 억양이 늘 제자리걸음 같다고 느껴진 적 있나요? 물론 "많이 듣기"는 일본어 발음 향상에 도움이 되지만, 그저 흘려듣기만 해서는 악센트 감각은 쉽게 늘지 않아요. 음의 높낮이를 의식하며 듣고 따라 해보는 것, 이것이 효과적으로 감각을 기르는 방법이에요.

이번 과에서는 일본어 악센트를 귀로 "캐치하고", 입으로 "표현하는 감각"을 키우는 연습을 함께 해볼 거예요.

악센트 캐치하기

🔍 자세히 알아봐요

자연스러운 악센트 구사는 악센트를 제대로 캐치하는 것에서부터 시작해요. 제대로 캐치를 해야 제대로 따라 할 수 있으니까요. 일본어의 악센트를 캐치할 때에는 아래 두 가지의 관점에서 소리를 잘 들어 보세요.

① 악센트의 핵이 있는가?

② 있다면 어디에 있는가?

자, 그럼 캐치 연습을 해 볼까요? 아래 단어들을 듣고 악센트의 핵이 있는지, 있다면 어디 있는지 체크해 보세요.

🗨 연습해 보세요 ◐ Track | 3-3-1

음성을 듣고 악센트의 핵을 캐치해 보세요. 있으면 ㄱ 로, 없으면 괄호 안에 ×로 표시하세요.

예 まいにちが(毎日が) 매일이 ( ) にほんごが(日本語が) 일본어가 (×)

1 かんこくが(韓国が) 한국이 ( )   アメリカが 미국이 ( )

2 おんがくが(音楽が) 음악이 ( )   がっこうが(学校が) 학교가 ( )

3 はなが(鼻が) 코가 ( )   はなが(花が) 꽃이 ( )

4 こしが(腰が) 허리가 ( )   あしが(足が) 발이 ( )

5 かんじょうが(感情が) 감정이 ( )   ひょうじょうが(表情が) 표정이 ( )

6 しんぶんが(新聞が) 신문이 ( )   げんきんが(現金が) 현금이 ( )

위 문제는 헷갈리기 쉬운 악센트의 형태끼리 묶은 거예요. 이와 같이 서로 다른 악센트의 단어들을 비교해 들으면, 악센트에 차이가 있다는 걸 훨씬 쉽게 느낄 수 있어요. 캐치 감각을 키우는 데에 효과적이죠.

듣고 따라 해 보세요

1 두고형 vs 평판형　　　　　　　　　　　　　　　　　　　　　　○ Track | 3-3-2

두고형	평판형
まいにちが(毎日が) 매일이	にほんごが(日本語が) 일본어가
かんこくが(韓国が) 한국이	アメリカが 미국이
おんがくが(音楽が) 음악이	がくせいが(学生が) 학생이

　　まいにち(毎日), かんこく(韓国), おんがく(音楽)는 [고저저저]로 첫 번째 박이 높았다가 두 번째 박부터 점점 미끄럼틀 타듯이 음이 쭉 내려가는 두고형이에요. 그리고 にほんご(日本語), アメリカ, がくせい(学生)는 [저고고고]로 조사까지 평평하게 높은음으로 유지되며 어디선가 음이 확 튀게 들리는 부분이 없는 평판형이에요.

2 미고형 vs 평판형　　　　　　　　　　　　　　　　　　　　　　○ Track | 3-3-3

미고형	평판형
はなが(花が) 꽃이	はなが(鼻が) 코가
あしが(足が) 발이	こしが(腰が) 허리가

　　はな(花)와 はな(鼻)도 히라가나 표기는 같지만, 악센트가 달라요. はな(花)는 조사 が에서 음이 낮아지는 미고형, はな(鼻)는 조사까지 평평하게 높은음을 유지하는 평판형이에요.

중고형	평판형
ひょうじょうが(表情が) 표정이	かんじょうが(感情が) 감정이
げんきんが(現金が) 현금이	しんぶんが(新聞が) 신문이

　ひょうじょう(表情)는 단어 안에서 음이 내려가는 중고형, かんじょう(感情)는 조사까지 평평하게 높은음을 유지하는 평판형이에요.

　만약 かんじょう(感情)를 ひょうじょう(表情)처럼 중고형으로 발음하면 확실하게 う에서 음이 내려가는 부분이 느껴져요. 그리고 う에서 확실히 음이 내려가기 때문에 마치 그 앞 박인 じょ가 상대적으로 더 높은 것처럼, 튀게 들리죠. 하지만 かんじょう(感情)의 발음을 들어보면 그런 부분이 없이 높은음으로 평평하게 발음해요.

> **Tip** 일반적으로 장음, 촉음, ん, 모음이 이어지는 경우 뒤 모음(예. あい ai의 い)에는 악센트의 핵이 오지 않아요. 혹시나 이러한 박에 핵이 있는 것처럼 들렸다면, 그 박의 앞 혹은 뒤에 핵이 있을 가능성이 높으니 한 번 더 잘 들어 보세요.

악센트 표현하기

🔍 자세히 알아봐요

귀로는 이제 어느 정도 들리는데 막상 입으로 발음하려고 하면 어색하게 들리거나 헷갈릴 때가 있어요. 이럴 때 효과적인 방법이 바로, 쉬운 단어로 음감을 잡아두는 것이에요. 각 악센트 형태마다 자신이 잘 알고 있는 쉬운 단어를 하나씩 대표로 정하고 그 단어의 멜로디, 즉 음의 높낮이의 흐름을 귀와 입으로 익혀두는 거예요. 그리고 그 단어를 기준 삼아 새로운 단어의 악센트를 파악하는 것이죠.

예를 들어 まいにち(毎日), かんこく(韓国)는 모두 두고형이죠.

● 두고형 = 첫 번째 박에 악센트의 핵이 있다.

→ (실제 각 박의 높낮이)첫 박만 높고 이후는 낮게 발음한다.

→ 즉, 단어 전체의 멜로디는 まままま(고저저저)

이처럼 익숙하고 자주 쓰는 단어로 음감을 잡아두면, 나중에 다른 단어를 들었을 때 '이거 まいにち랑 비슷하게 들리네? 그럼 두고형이겠구나', '이 단어는 두고형이니까 まいにち처럼 발음하면 되겠다'하고 자연스럽게 캐치하고 표현할 수 있어요.

🗨 연습해 보세요

각 형태의 음감에 익숙해지도록 ま와 단어를 번갈아듣고 발음해 보세요.

1 두고형

                                                           ● Track | 3-3-5

1박	まが	きが (木が) 나무가	ひが (火が) 불이	はが (歯が) 이가
2박	ままが	あきが (秋が) 가을이	うみが (海が) 바다가	パンが 빵이
3박	まままが	みかんが 귤이	せかいが (世界が) 세계가	めがねが (眼鏡が) 안경이
4박	ままままが	らいげつが (来月が) 다음 달이	けいざいが (経済が) 경제가	じんせいが (人生が) 인생이

2 중고형

                                                           ● Track | 3-3-6

3박	まままが	おふろが (お風呂が) 욕조가	たまごが (卵が) 계란이	さとうが (砂糖が) 설탕이
4박	① ままままが	くだものが (果物が) 과일이	くつしたが (靴下が) 양말이	ひこうきが (飛行機が) 비행기가
	② ままままが	みそしるが (みそ汁が) 된장국이	あんないが (案内が) 안내가	たいふうが (台風が) 태풍이

③ 미고형

2박	ま　ま が	いろが(色が) 색이	みみが(耳が) 귀가	あしが(足が) 발이
3박	ま　ま　ま が	ことばが(言葉が) 말이	ひかりが(光が) 빛이	さしみが(刺身が) 회가
4박	ま　ま　ま　ま が	おとうとが(弟が) 남동생이	いちにちが(一日が) 하루가	はちがつが(8月が) 8월이

④ 평판형

1박	ま が	きが(気が) 기분(마음)이	ひが(日が) 날이	はが(葉が) 잎이
2박	ま ま が	ひとが(人が) 사람이	かおが(顔が) 얼굴이	みちが(道が) 길이
3박	ま ま ま が	くすりが(薬が) 약이	えのぐが(絵の具が) 물감이	まんがが(マンガが) 만화가
4박	ま ま ま ま が	のりものが(乗り物が) 탈것이	たこやきが(たこ焼きが) 타코야키가	よこはまが(横浜が) 요코하마가

> **Tip** [저→고]로 시작하는 악센트(중고형·미고형·평판형)에서 두 번째 박에 장음, 촉음, ん이 오는 경우, 한 박 한 박 천천히 말할 때는 첫 번째 박과 두 번째 박의 높낮이 차이가 비교적 분명하게 드러나요.
> 하지만 일반적인 대화 속도에서는 두 박 사이의 높이가 크게 벌어지지 않고 자연스럽게 이어져요. 그러니 "저→고니까 확 올려야지!" 하고 두 번째 박을 과하게 끌어올리기보다, '자연스럽게 이어 말한다'라는 느낌으로 발음해 보세요.

4. 동사의 악센트 기본 패턴

🎧 들어 보세요

▶ Track | 3-4-1

음성을 듣고 악센트의 핵을 표시해 보세요.

1 きく(聞く) 듣다

  きいて 듣고, 들어서

  きいた 들었다

  きかない 듣지 않다

  ききます 듣습니다

2 かく(書く) 쓰다

  かいて 쓰고, 써서

  かいた 썼다

  かかない 쓰지 않다

  かきます 씁니다

🔍 자세히 알아봐요

동사는 위처럼 다양한 형태로 변하죠. 그렇다면, 각각의 악센트를 전부 따로 외워야 할까요? 그렇지 않아요. 우리가 문법을 배울 때도 "く로 끝나는 동사는 て형에서 く→いて로 변한다"와 같은 규칙을 익히고, 이를 여러 동사에 적용하며 자연스럽게 익숙해졌죠.

악센트도 마찬가지예요. 단순하고 알기 쉬운 기본 패턴이 있어서 한 번 익혀 두면 매우 편리해요. 이번 과에서는 동사의 악센트 패턴을 이해하고, 자주 쓰는 동사로 연습하면서 자연스럽게 익혀 봐요.

동사의 악센트 구분: 평판형과 기복형

동사의 악센트는 평판형과 기복형으로 나뉘어요. 그리고 어느 쪽인지에 따라 て형, ない형 등으로 바뀌었을 때의 악센트가 정해져요. 동사가 평판형인지 기복형인지 알고 있으면, 앞으로 배울 악센트의 기본 패턴을 적용해서 자연스럽게 말할 수 있어요.

듣고 따라 해 보세요

● 평판형　　　　　　　　　　　　　　　　　　　● Track | 3-4-2

악센트의 핵이 없어요. 즉, [저고]로 시작해서 쭉 높은 상태로 유지돼요.

きく(聞く) 듣다　　　　　　　　　　かう(買う) 사다

あそぶ(遊ぶ) 놀다　　　　　　　　おしえる(教える) 가르치다

● 기복형　　　　　　　　　　　　　　　　　　　● Track | 3-4-3

뒤에서 세었을 때, 두 번째 박에 악센트의 핵이 있어요. 즉, 마지막 박에서 음이 내려가요.

かく(書く) 쓰다　　　　　　　　　のむ(飲む) 마시다

たべる(食べる) 먹다　　　　　　　しらべる(調べる) 조사하다

동사 활용형의 악센트

① ない형 / て형 / た형 / ば형의 악센트

● **평판형**   ▶ Track | 3-4-4

ない형, て형, た형 모두 평판형 그대로예요. 단, ば형은 [ば]의 한 박 앞에 악센트의 핵이 있어요.

きく(聞く) 듣다

ない형	て형	た형	ば형
きかない 듣지 않다	きいて 듣고, 들어서	きいた 들었다	きけば 들으면

● **기복형**   ▶ Track | 3-4-5

ない형은 [ない]의 한 박 앞에, て형, た형, ば형은 각각 [て], [た], [ば]의 두 박 앞에 악센트의 핵이 있어요.

かく(書く) 쓰다

ない형	て형	た형	ば형
かかない 쓰지 않다	かいて 쓰고, 써서	かいた 썼다	かけば 쓰면

▶ Track | 3-4-6

***주의**

みる(見る)와 같이 て형, た형의 앞에 한 박밖에 없는 경우는 자연스레 [て], [た]의 바로 앞 박에 악센트의 핵이 놓이게 돼요.

ない형	て형	た형	ば형
みない 보지 않다	みて 보고, 봐서	みた 봤다	みれば 보면

● 평판형　　　　　　　　　　　　　　　　　　　　　　　▶ Track | 3-4-7

かう(買う)사다

かわない 사지 않다　　　　　　かって 사고, 사서

かった 샀다　　　　　　　　　　かえば 사면

あそぶ(遊ぶ)놀다

あそばない 놀지 않다　　　　　　あそんで 놀고, 놀아서

あそんだ 놀았다　　　　　　　　　あそべば 놀면

おしえる(教える) 가르치다

おしえない 가르치지 않다　　　　　おしえて 가르치고, 가르쳐서

おしえた 가르쳤다　　　　　　　　おしえれば 가르치면

● 기복형　　　　　　　　　　　　　　　　　　　　　　　▶ Track | 3-4-8

のむ(飲む)마시다

のまない 마시지 않다　　　　　　のんで 마시고, 마셔서

のんだ 마셨다　　　　　　　　　のめば 마시면

たべる(食べる)먹다

たべない 먹지 않다　　　　　　　たべて 먹고, 먹어서

たべた 먹었다　　　　　　　　　たべれば 먹으면

しらべる(調べる)조사하다

しらべない 조사하지 않다　　　　しらべて 조사하고, 조사해서

しらべた 조사했다　　　　　　　しらべれば 조사하면

② ます형 / −う / −よう형의 악센트

평판형, 기복형 구분 없이 아래와 같은 악센트로 발음해요.

● 평판형　　　　　　　　　　　　　　　　　　　　　

きく（聞く）듣다

ます / ました: ま에 핵	
ききます 듣습니다	ききました 들었습니다
ません / ませんでした: せ에 핵	
ききません 듣지 않습니다	ききませんでした 듣지 않았습니다
ましょう: しょ에 핵	う(よう): う 앞 박에 핵
ききましょう 들읍시다	きこう 들어야지, 듣자

● 기복형　　　　　　　　　　　　　　　　　　　　　

かく（書く）쓰다

ます / ました: ま에 핵	
かきます 씁니다	かきました 썼습니다
ません / ませんでした: せ에 핵	
かきません 쓰지 않습니다	かきませんでした 쓰지 않았습니다
ましょう: しょ에 핵	う(よう): う 앞 박에 핵
かきましょう 씁시다	かこう 써야지, 쓰자

● 평판형   ● Track | 3-4-11

かう(買う) 사다

かいます 삽니다	かいました 샀습니다
かいません 사지 않습니다	かいませんでした 사지 않았습니다
かいましょう 삽시다	かおう 사야지, 사자

あそぶ(遊ぶ) 놀다

あそびます 놉니다	あそびました 놀았습니다
あそびません 놀지 않습니다	あそびませんでした 놀지 않았습니다
あそびましょう 놉시다	あそぼう 놀아야지, 놀자

おしえる(教える) 가르치다

おしえます 가르칩니다	おしえました 가르쳤습니다
おしえません 가르치지 않습니다	おしえませんでした 가르치지 않았습니다
おしえましょう 가르칩시다	おしえよう 가르쳐야지, 가르치자

のむ(飲む) 마시다

のみます 마십니다　　　　のみました 마셨습니다

のみません 마시지 않습니다　　　　のみませんでした 마시지 않았습니다

のみましょう 마십시다　　　　のもう 마셔야지, 마시자

たべる(食べる) 먹다

たべます 먹습니다　　　　たべました 먹었습니다

たべません 먹지 않습니다　　　　たべませんでした 먹지 않았습니다

たべましょう 먹읍시다　　　　たべよう 먹어야지, 먹자

しらべる(調べる) 조사하다

しらべます 조사합니다　　　　しらべました 조사했습니다

しらべません 조사하지 않습니다　　　　しらべませんでした 조사하지 않았습니다

しらべましょう 조사합시다　　　　しらべよう 조사해야지, 조사하자

③ 가능형, 수동형/존경어, 사역형, 사역수동형의 악센트

가능형, 수동형/존경어[(ら)れる], 사역형[(さ)せる], 사역수동형[(さ)せられる]의 악센트는 아주 간단해요.

● 평판형 Track | 3-4-13

모두 평판형 그대로예요.

きく(聞く)듣다

きける 들을 수 있다〈가능형〉　　　　**きかれる** 들리다〈수동형〉

きかせる 들리게 하다〈사역형〉

きかせられる/きかされる (억지로/어쩔 수 없이)듣다〈사역수동형〉

● 기복형 Track | 3-4-14

뒤에서 세었을 때, 두 번째 박에 핵이 있어요. 즉, る에서 음이 내려가요.

かく(書く)쓰다

かける 쓸 수 있다〈가능형〉　　　　**かかれる** 쓰이다〈수동형〉

かかせる 쓰게 하다〈사역형〉

かかせられる/かかされる (억지로/어쩔 수 없이) 쓰다〈사역수동형〉

*예외

かえる(帰る), はいる(入る), とおる(通る)는 맨 앞에 핵이 있어요. 즉, [고저저]의 두고형으로 발음해요.

ない형	て형	た형	ば형
かえらない 돌아오(가)지 않다	かえって 돌아오(가)고, 돌아와(가)서	かえった 돌아왔(갔)다	かえれば 돌아오(가)면
はいらない 들어오(가)지 않다	はいって 들어오(가)고, 들어와(가)서	はいった 들어왔(갔)다	はいれば 들어오(가)면
とおらない 통하지 않다	とおって 통하고, 통해서	とおった 통했다	とおれば 통하지 않다

그럼, 지금까지 배운 내용을 적용해서 응용해 볼게요. 아래 문장의 동사, 어떻게 읽을까요?

① 日本人に道を聞かれた。　일본인이 길을 물어봤다.

聞く가 평판형이니까

↓

聞かれる도 평판형으로 발음

↓

평판형의 동사이므로 た형으로 바뀌어도 그대로 평판형 きかれた

② メニューがタイ語で書かれていて意味がわからない。

메뉴가 태국어로 적혀있어서 뜻을 모르겠다.

書く가 기복형이니까

↓

書かれる도 기복형으로 발음

↓

기복형의 동사이므로 て형으로 바뀌면 かかれて

음성을 듣고 동사의 악센트를 구분해 보세요.

1 あう(会う) 만나다	**2** いく(行く) 가다
3 つかう(使う) 쓰다	**4** はなす(話す) 이야기하다
5 わすれる(忘れる) 잊다	**6** やすむ(休む) 쉬다
7 みつける(見つける) 발견하다	**7** みえる(見える) 보이다
평판형 (　　　　　　　　)	기복형 (　　　　　　　　)

밑줄 친 동사를 스스로 발음해 보세요. 그러고 나서 음성을 듣고 따라 해 보세요.

1 明日友達に会います。 내일 친구를 만나요.

2 今回初めて京都に行った。 이번에 처음으로 교토에 갔다.

3 このアプリ、毎日使ってる。 이 앱 매일 쓰고 있어.

4 素直に話したほうがいいよ。 솔직히 말하는 게 좋을 거야.

5 誕生日を忘れられてちょっと悲しかった。 생일을 잊어버려서 조금 슬펐다.

6 体調が悪いなら、今日は早めに休みましょう。

컨디션이 안 좋으면 오늘은 일찍 쉽시다.

7 ずっと探してた本を見つけた。 계속 찾고 있던 책을 찾았다.

8 暗くて何も見えない。 어두워서 아무것도 안 보여.

+ 동사의 악센트 감각을 기르는 방법 +

동사의 악센트에 익숙해지고 악센트 감각을 기르는 꿀팁 2가지를 알려드릴게요. 아래와 같은 방법으로 최대한 많은 동사, 활용형의 악센트를 듣고 따라 하며 실제 문장에서 적용하는 습관을 길러 보세요.

① 동사+활용형의 악센트를 세트로 정리하는 습관 기르기

당장 수많은 동사와 각각의 활용형의 악센트를 한꺼번에 외우려고 하면 막막할 거예요. 그리고 たべる　たべた　たべない　たべれば 이렇게 암기 과목처럼 달달 외우는 것도 추천하지 않아요. 외웠다고 하더라도 활용을 하지 않아서 금방 잊어버리게 되고, 지치기 쉽거든요.

대신, 이렇게 연습해 보세요! 책이나 영상에서 [お菓子を食べます] 같은 문장을 봤다고 가정해 볼게요. ます형은 ま에 핵이 있다는 걸 알고 있으니, たべます라고 발음하면 되겠죠? 하지만 여기서 끝이 아니라 아래 두 질문을 떠올리고 답해 보세요.

食べます

Q1 이 동사의 악센트는 평판형, 기복형 어느 쪽이지?　**Q2** 문장에 나오지 않은 활용형으로 바꾸었을 때 어떻게 발음할까?

A1 たべる로 기복형 동사야!

A2 기복형이니까 활용형은 이렇게 되겠구나!
たべない, たべて, たべた, たべれば 이렇게 직접 손으로 써보고 소리 내 말해 보세요!

만약 이때까지 악센트로는 한 번도 공부하지 않은 동사라면 추측으로도 괜찮아요. '드라마나 영화에서 들어본 것 같은데 어떻게 말했었더라?' 이렇게요. 바로 사전에서 찾기 전에 스스로 생각해 보는 과정이 중요해요. 이렇게 하면 훨씬 더 오래 기억에 남아요. 그리고 다음에 같은 동사를 또 보게 되면, 다시 활용형을 떠올려보는 연습을 해 보세요. 이런 반복 연습을 하다 보면, 어느 순간 '먹었다'를 말하고 싶을 때 자연스럽게 たべた가 나오게 돼요. 그리고 이러한 동사들이 점점 늘어나게 되면서 악센트의 감각이 만들어져요.

② 뜻과 소리 모두 쉽고 자주 쓰는 단어로 기준 잡아두기

활용형의 악센트가 헷갈릴 때 도움이 되는 방법이에요. 먼저 평판형 대표 동사와 기복형 대표 동사 1~2개씩 정해두세요. 추천하는 단어는 聞く와 書く이에요. 둘 다 뜻이 쉽고 자주 쓰이며, 활용형의 모양이 같아 악센트에만 집중해서 익히기 쉬워요.

그러고 나서 활용형이 헷갈리는 동사가 나왔을 때 '이 동사는 聞く와 같은 평판형의 동사니까 활용형도 같은 악센트로 발음되겠구나'라고 유추하는 거예요. 이때 첫 번째 방법을 적용해 봐요!

> 예 [1時間も歩いた 1시간이나 걸었다]의 歩いた는 あるいた, あるいた 중 어느 쪽일까?
>
> ① 먼저 질문하기: あるく의 악센트는 평판형? 기복형?
>   → あるく는 기복형이야!
>
> ② 기준 동사에 맞춰보기: 기복형 かく는 た형으로 바꾸면 かいた, [た]에서 두 박 앞에 핵이 있어!
>   → 歩く도 기복형이니까 あるいた로 발음하겠구나!

이 방법의 기본 전제는 그 동사가 무슨 형인지를 알고 있어야 한다는 거지만, 반대로 그것만 알아두면 내가 정해둔 평판형과 기복형 대표 동사를 가지고 동일한 악센트로 말하면 되기에 매우 편리한 방법이에요. 뒤이어 나오는 い형용사의 악센트도 같은 방법으로 익혀 보세요.

5. い형용사의 악센트 기본 패턴

음성을 듣고 い형용사의 악센트의 핵을 표시해 보세요.

1 たかい(高い) 비싸다　　　たかいバッグ 비싼 가방

2 おもい(重い) 무겁다　　　おもいバッグ 무거운 가방

🔍 자세히 알아봐요

　い형용사는 -くて, -かった 등 여러 형태로 바뀌죠. 그렇다면, 각각의 악센트를 전부 따로 외워야 할까요? 그렇지 않아요. 앞서 배운 동사의 악센트와 마찬가지로 적용하기 쉬운 기본 패턴이 존재해요.

い형용사의 악센트 구분: 평판형과 기복형

　い형용사의 악센트는 평판형과 기복형으로 나뉘어요.

　たかいバッグ　おもいバッグ

　い형용사가 평판형인지 기복형인지 알고 있으면, 앞으로 배울 악센트의 기본 패턴을 적용해서 자연스럽게 말할 수 있어요.

🎧 듣고 따라 해 보세요

● 평판형　　　　　　　　　　　　　　　　　　　　　　　○ Track | 3-5-2

악센트의 핵이 없어요. 즉, [저→고]로 시작해서 쭉 높은 상태로 유지해요.

✅ '〜하다'라고 말할 때, 혹은 뒤에 〜です 등이 이어질 때는 보통 기복형으로 발음해요. 자세한
내용은 부록 15p를 참고해 주세요.

おもい(重い)	① 重いバッグ	② このバッグは重い
무겁다	무거운 가방	이 가방은 무겁다

あかい(赤い)	① 赤い帽子	② この帽子は赤い
빨갛다	빨간 모자	이 모자는 빨갛다

かるい(軽い)	① 軽い服	② この服は軽い
가볍다	가벼운 옷	이 옷은 가볍다

やさしい(優しい)	① 優しい人	② この人は優しい
자상하다	자상한 사람	이 사람은 자상하다

● 기복형　　　　　　　　　　　　　　　　　　　　　　　○ Track | 3-5-3

뒤에서 세었을 때, 두 번째 박에 악센트의 핵이 있어요. 즉, 마지막 박 い에서 음
이 내려가요.

こい(濃い)	① 濃い色	② この色は濃い
진하다	진한 색	이 색은 진하다

たかい(高い)	① 高いバッグ	② このバッグは高い
비싸다	비싼 가방	이 가방은 비싸다

あおい(青い)	① 青い帽子	② この帽子は青い
파랗다	파란 모자	이 모자는 파랗다

やすい（安い）	① 安い	② この服は安い
싸다	싼 옷	이 옷은 싸다

きびしい（厳しい）	① 厳しい人	② この人は厳しい
엄격하다	엄격한 사람	이 사람은 엄격하다

> **Tip** い형용사를 평판형과 기복형으로 구분하는 것은 활용형의 악센트 패턴을 이해하는 데 중요한 기준이 돼요. 하지만 실제로는 평판형으로 분류되는 형용사 자체가 그리 많지 않고, 그중 일부는 기복형으로도 발음할 수 있어요. 예를 들어 「おいしい」는 NHK 악센트 사전에서 평판형이 제1악센트, 기복형이 제2악센트로 함께 표기되어 있어요. 이처럼 일부 단어는 두 가지 악센트가 모두 허용되는 경우도 있다는 점, 참고해 주세요.
> ※ 부록 "い형용사 악센트(11p)""를 함께 확인해 주세요.

い형용사 활용형의 악센트

① -くて / -かった / -ければ의 악센트

🎧 들어 보세요   ▶ Track | 3-5-4

평판형	기복형	
おもい 무겁다	たかい 비싸다	
おもくて 무겁고, 무거워서	たかくて 비싸고, 비싸서	たかくて 비싸고, 비싸서
おもかった 무거웠다	たかかった 비쌌다	たかかった 비쌌다
おもければ 무거우면	たかければ 비싸면	たかければ 비싸면

먼저, 평판형의 い형용사는 [くて], [かった], [ければ]의 한 박 앞에 악센트의 핵이 있어요.

반면, 기복형의 い형용사는 두 가지 패턴이 있어요. 하나는 [くて], [かった], [ければ]의 두 박 앞에 핵이 오는 분홍색 곡선, 다른 하나는 평판형과 같은 파란색 곡선이에요. 악센트 패턴의 경계가 점점 허물어지면서, 현재는 이 파란색 곡선도 널리 사용되고 있어요.

🔊 듣고 따라 해 보세요

● 평판형　　　　　　　　　　　　　　　　　　　　　　▶ Track | 3-5-5

あかい(赤い) 빨갛다

あかくて 빨갛고, 빨개서　　　　あかかった 빨갰다　　　　あかければ 빨가면

かるい(軽い) 가볍다

かるくて 가볍고, 가벼워서　　　かるかった 가벼웠다　　　かるければ 가벼우면

やさしい(優しい) 자상하다

やさしくて 자상하고, 자상해서　やさしかった 자상했다　　やさしければ 자상하면

こい（濃い） 진하다

こくて 진하고, 진해서　　　こかった 진했다　　　こければ 진하면

あおい（青い） 파랗다

あおくて 파랗고, 파래서　　　あおかった 파랬다　　　あおければ 파라면

あおくて 파랗고, 파래서　　　あおかった 파랬다　　　あおければ 파라면

やすい（安い） 싸다

やすくて 싸고, 싸서　　　やすかった 쌌다　　　やすければ 싸면

やすくて 싸고, 싸서　　　やすかった 쌌다　　　やすければ 싸면

きびしい（厳しい） 엄격하다

きびしくて 엄격하고, 엄격해서　　きびしかった 엄격했다　　きびしければ 엄격하면

> **Tip** 4박 이상의 기복형 い형용사는 파란색 곡선으로 발음하는 경향이 더 두드러지는 편이에요.

② -く의 악센트

들어 보세요

평판형	기복형	
おもい 무겁다	たかい 비싸다	
おもく 무겁게, 무겁지	たかく 비싸게, 비싸지	たかく 비싸게, 비싸지
おもく+ない 무겁지 않다	たかく+ない 비싸지 않다	たかく+ない 비싸지 않다
おもく+なる 무거워지다	たかく+なる 비싸지다	たかく+なる 비싸지다

평판형의 い형용사는 -く도 그대로 평판형으로 발음해요. -くない, -くなる는 한 덩어리로서 [な]에 핵이 있게 발음이 돼요. 반면, 기복형의 い형용사는 두 가지 패턴이 있어요. 하나는 [く]의 두 박 앞에 핵이 오는 분홍색 곡선, 다른 하나는 [く]의 한 박 앞에 핵이 오는 파란색 곡선이에요.

여기서 한가지 주의! ない와 なる는 단어만 놓고 보면 [な]에 핵이 있어요. 그래서 자칫 ⓐ처럼 생각할 수 있지만, 이렇게 발음하면 'たかく'와 'ない'로 나뉜 것처럼 들려요. [な]에서 음을 다시 확 올리는 게 아니라 ⓑ처럼 'たかくない'라는 한 덩어리로 부드럽게 이어서 발음해 주세요.

ⓐ たかくない　　ⓑ-1 たかくない　　ⓑ-2 たかくない

①도, ②도 기복형의 い형용사는 패턴이 두 개 있어 어느 쪽을 써야 할지 헷갈릴 수도 있어요. 단어에 따라 어느 한쪽이 더 많이 쓰이는 경우도 있지만, 전체적으로는 여러분이 자주 듣고, 발음하기 편한 쪽을 선택해서 익히면 돼요.

● 평판형　　　　　　　　　　　　　　　　　　　　▶ Track | 3-5-8

あかい(赤い) 빨갛다

あかく 빨갛게, 빨갛지　　あかくない 빨갛지 않다　　あかくなる 빨개지다

かるい(軽い) 가볍다

かるく 가볍게, 가볍지　　かるくない 가볍지 않다　　かるくなる 가벼워지다

やさしい(優しい) 자상하다

やさしく 자상하게, 자상하지　　やさしくない 자상하지 않다　やさしくなる 자상해지다

● 기복형　　　　　　　　　　　　　　　　　　　　▶ Track | 3-5-9

こい(濃い) 진하다

こく 진하게, 진하지　　こくない 진하지 않다　　こくなる 진해지다

あおい(青い) 파랗다

あおく 파랗게, 파랗지　　あおくない 파랗지 않다　　あおくなる 파래지다

あおく 파랗게, 파랗지　　あおくない 파랗지 않다　　あおくなる 파래지다

やすい(安い) 싸다

やすく 싸게, 싸지　　やすくない 싸지 않다　　やすくなる 싸지다

やすく 싸게, 싸지　　やすくない 싸지 않다　　やすくなる 싸지다

きびしい(厳しい) 엄격하다

きびしく 엄격하게, 엄격하지　　きびしくない 엄격하지 않다　きびしくなる 엄격해지다

*예외

− つまらない는 ら에 핵이 있어요.

🔲 つまらない 재미없다

つまらなくて 재미없어서　　　　つまらなかった 재미없었다

つまらなければ 재미없으면

つまらなく 재미없지　　　　つまらなくない 재미없지 않다

つまらなくなる 재미없어 지다

− ない는 기복형의 い형용사인데, なくなる라고 말할 때는 전체가 평판형이 돼요.

🔲 なくなる 없어지다

🗣 연습해 보세요 ①

음성을 듣고 い형용사의 악센트를 구분해 보세요.

1 とおいもの(遠いもの) 먼 것

2 やわらかいもの(柔らかいもの) 부드러운 것

3 おいしいもの(美味しいもの) 맛있는 것

4 つよいもの(強いもの) 강한 것

5 ちかいもの(近いもの) 가까운 것

6 あついもの(厚いもの) 두꺼운 것

7 かたいもの(固いもの) 딱딱한 것

8 よわいもの(弱いもの) 약한 것

평판형 (　　　　　　　　　)　　　　기복형 (　　　　　　　　　)

🗨 연습해 보세요 ②

밑줄 친 형용사를 스스로 발음해 보세요. 그러고 나서 음성을 듣고 따라 해 보세요.

1 遠くの山が雪で白くなっている。

먼 산이 눈으로 하얗게 덮여 있다.

2 このクッション、柔らかくて気持ちいい。

이 쿠션, 부드럽고 기분 좋아.

3 このジュース、思ったほどおいしくないかも。

이 주스, 생각만큼 맛있지 않을지도 몰라.

4 風が強くて、傘が飛ばされそうだった。

바람이 세서 우산이 날아갈 뻔했어.

5 家が近ければ、もっと通いやすいのに。

집이 가까우면 더 다니기 쉬울 텐데.

6 この薬、そこまでまずくないから安心して。

이 약, 그렇게 맛없지 않으니까 안심해.

7 昨日のステーキはちょっと固かったね。

어제 스테이크 조금 질겼지?

8 暑さに弱いので、夏はちょっと苦手です。

더위에 약해서 여름은 조금 힘들어요.

6. 복합명사의 악센트 기본 패턴

🎧 들어 보세요

◐ Track | 3-6-1

음성을 듣고 각 단어의 악센트의 핵을 표시해 보세요.

1 なりた(**成田**) 나리타 **2** くうこう(**空港**) 공항

3 なりたくうこう(**成田空港**) 나리타공항

🔍 자세히 알아봐요

두 개 이상의 명사가 합쳐져 새로운 하나의 단어 "복합명사"가 될 때, 기본적으로 원래 단어가 가지고 있던 악센트가 바뀌는 경향이 있어요.

なりた(成田) + くうこう(空港) = なりたくうこう(成田空港)

만약 成田空港를 각 단어의 악센트 그대로 발음하면 '나리타'와 '공항' 두 단어로 들려요. 하지만 복합명사의 악센트를 지켜 발음하면 듣는 사람이 '나리타공항'이라는 하나의 단어로서 인식할 수 있기 때문에 명확한 의미 전달이 가능해요.

복합명사의 악센트 기본 패턴

복합명사의 악센트에서 가장 중요한 포인트는 뒤에 오는 단어예요. 뒤에 오는 단어의 박 수나 악센트에 따라 복합명사 전체의 악센트가 정해지기 때문이에요. 단, 간혹 앞뒤 단어의 악센트가 그대로 유지되는 등의 예외도 있어요. 그래서 '무조건 이렇게 된다'라기보다는, 복합명사에서 자주 나타나는 기본적인 흐름으로 이해해 주세요. 이 기본 패턴을 익히면 대부분의 복합명사를 자연스럽게 발음할 수 있어요.

① 뒤 단어가 1~2박인 경우

앞 단어의 마지막 박에 악센트의 핵이 있어요.

🎧 듣고 따라 해 보세요 ①

● Track | 3-6-2

1 ○○し (○○市) ~시(지명)

あきた＋し＝あきたし (秋田市) 아키타시

ならし (奈良市) 나라시　ふくおかし (福岡市) 후쿠오카시

2 ○○えき (○○駅) ~역

めぐろ＋えき＝めぐろえき (目黒駅) 메구로역

あきはばらえき (秋葉原駅) 아키하바라역　*とうきょうえき (東京駅) 도쿄역

✔ 패턴을 적용했을 때 악센트 핵이 장음에 오는 경우는 한 박 앞으로 핵이 이동해요. (とうきょう)

3 ○○じん(○○人) ~인

かんこく＋じん＝かんこくじん(**韓国人**) 한국인

フランスじん(**フランス人**) 프랑스인　　　*にほんじん(**日本人**) 일본인

✅ 日本人(にほんじん)은 예외로 にほんじん이 아니라 にほんじん으로 발음해요.

일부 평판형으로 발음되는 경우도 있어요. 자주 쓰이는 단어들로 연습해 볼게요.

🦻 듣고 따라 해 보세요 ②　　　　　　　　▶ Track | 3-6-3

4 ○○ご(○○語) ~어

かんこく＋ご＝かんこくご(**韓国語**) 한국어

フランスご(**フランス語**) 프랑스어　　　にほんご(**日本語**) 일본어

5 ○○べや(○○部屋)~방

こども＋へや＝こどもべや(**子ども部屋**) 아이 방

あきべや(**空き部屋**) 빈 방　　　すもうべや(**相撲部屋**) 스모 합숙 도장

6 ○○ちゅう(○○中)~중

いどう＋ちゅう＝いどうちゅう(**移動中**) 이동 중

ごぜんちゅう(**午前中**) 오전 중　　　こうじちゅう(**工事中**) 공사 중

② 뒤 단어가 3~4박인 경우

앞 단어의 악센트의 핵이 사라지고, 뒤 단어의 첫 번째 박에 악센트의 핵이 있어요.

🎙 듣고 따라 해 보세요

● Track | 3-6-4

1 ○○りょうり(○○料理) ~요리

かんこく＋りょうり＝かんこくりょうり(韓国料理) 한국 요리

フランスりょうり(フランス料理) 프랑스 요리

にほんりょうり(日本料理) 일본 요리

2 ○○じかん(○○時間) ~시간

きんむ＋じかん＝きんむじかん(勤務時間) 근무 시간

すいみんじかん(睡眠時間) 수면 시간

えいぎょうじかん(営業時間) 영업 시간

3 ○○くうこう(○○空港) ~공항

なりた＋くうこう＝なりたくうこう(成田空港) 나리타 공항

はねだくうこう(羽田空港) 하네다 공항

いんちょんくうこう(仁川空港) 인천 공항

4 ○○だいがく(○○大学) ~대학

とうきょう＋だいがく＝とうきょうだいがく(東京大学) 도쿄대학교

きょうとだいがく(京都大学) 교토대학교

ほっかいどうだいがく(北海道大学) 홋카이도대학교

단, 뒤 단어가 중고형인 경우에는 앞 단어의 악센트의 핵이 사라지고, 뒤 단어의 악센트의 핵은 그대로 유지돼요.

◐ Track | 3-6-5

けっこん＋きねんび＝けっこんきねんび（結婚記念日）결혼 기념일

しりつ＋としょかん＝しりつとしょかん（市立図書館）시립도서관

げいのう＋じむしょ＝げいのうじむしょ（芸能事務所）연예기획사

③ 뒤 단어가 5박 이상인 경우

앞 단어의 악센트의 핵이 사라지고, 뒤 단어의 악센트의 핵은 그대로 유지돼요.

🔊 듣고 따라 해 보세요

◐ Track | 3-6-6

とうきょう＋オリンピック＝とうきょうオリンピック（東京オリンピック）
도쿄 올림픽

びよう＋せんもんがっこう＝びようせんもんがっこう（美容専門学校）
미용 전문 학교

음성을 듣고 앞뒤 단어와 복합명사의 악센트를 표시한 뒤 따라 발음해 보세요.

1 かいがい(海外)＋りょこう(旅行)

＝かいがいりょこう(海外旅行) 해외 여행

2 しんじゅく(新宿)＋えき(駅)

＝しんじゅくえき(新宿駅) 신주쿠역

3 みそ(味噌)＋ラーメン

＝みそラーメン(味噌ラーメン) 된장 라멘

4 とりつ(都立)＋びじゅつかん(美術館)

＝とりつびじゅつかん(都立美術館) 도립 미술관

5 がいこくじん(外国人)＋かんこうきゃく(観光客)

＝がいこくじんかんこうきゃく(外国人観光客) 외국인 관광객

🗣 연습해 보세요 ②　　　　　　　　　　　　　　　　　　　⊙ Track | 3-6-8

먼저 스스로 발음해 본 후 음성을 듣고 따라 발음해 보세요

1 今年の夏、海外旅行に行きたい。　올해 여름에 해외여행 가고 싶다.

2 12時に新宿駅で待ち合わせしよう。　12시에 신주쿠역에서 보자.

3 味噌ラーメンが一番好きです。　된장 라멘이 제일 좋아요.

4 展示会を見に都立美術館に行く。　전시회를 보러 도립 미술관에 간다.

5 外国人観光客が急激に増えました。　외국인 관광객이 급격히 증가했습니다.

Chapter 4

일본어의 인토네이션

자연스러운 일본어 발음의 마지막 요소, 인토네이션에 대해 알아봐요. 문장 전체를 자연스럽고 듣기 편한 일본어로 말하며, 내 감정과 의도를 또렷하게 전달하는 감각을 차근차근 익혀 볼게요.

1. 일본어 인토네이션 기본 개념

2. 감정, 의도를 나타내는 인토네이션

3. 강조하기

4. 끊어 읽기

1. 일본어 인토네이션 기본 개념

🎧 들어 보세요

Track | 4-1-1

대화를 듣고 밑줄 친 부분의 인토네이션이 어떻게 다른지 생각해 보세요.

A 荷物いつ届くの？ 짐 언제 도착해?

B たぶん①明日。 아마 내일.

A え、②明日？ 早いね。 엇, 내일? 빠르네.

🔍 자세히 알아봐요

지금까지 단어마다 정해져 있는 음의 높낮이인 악센트에 대해서 배웠어요. 이번에는 문장 단위에서 음의 높낮이인 인토네이션을 알아볼게요. 인토네이션은 간단히 말하면 "문장의 억양"이에요. 말하는 사람의 감정이나 의도를 전달하는 데 아주 중요한 역할을 해요. 같은 악센트라도 인토네이션이 달라지면 의도하는 바와 다른 뉘앙스로 들릴 수 있어요.

위 대화문에서 ①, ② 모두 明日의 악센트는 [저고고]로 변함이 없죠. 하지만 ①은 단어 끝이 올라가지 않고 낮은 그대로, ②는 た의 끝부분이 올라가면서 되묻는 의도가 들어갔어요.

① あした (明日)　　② あした (明日)

그리고 인토네이션은 자연스럽게 들리는 일본어를 말하는 데에도 정말 중요해요. 아무리 단어의 악센트를 정확하게 말해도, 문장 전체의 억양이 어색하면 듣는 사람 입장에서는 어딘가 딱딱하고 부자연스럽게 느껴질 수 있어요.

이제 자연스럽고 듣기 편한 인토네이션을 구사하기 위한 두 가지 핵심 포인트를 알려드릴게요!

| 자연스러운 인토네이션을 구사하는 포인트 |

① ヘ 모양으로 내려가기

일본어 평서문의 인토네이션은 기본적으로 ヘ의 모양으로 그려요. 물론 각 단어의 악센트가 있기 때문에 올라갔다 내려갔다 하지만 전체적으로는 그 높이가 점점 낮아지면서 착지하는 것이 중요해요.

🦻 들어 보세요

● Track | 4-1-2

음성을 듣고 각 문장에 어떠한 차이가 있는지 생각해 보세요.

1 ⓐ ⓑ ⓒ

すきなにほんりょうりはラーメンです。

(好きな日本料理はラーメンです。)
좋아하는 일본 요리는 라멘입니다.

2 ⓐ ⓑ ⓒ

すきなにほんりょうりはラーメンです。

(好きな日本料理はラーメンです。)
좋아하는 일본 요리는 라멘입니다.

3 ⓐ ⓑ ⓒ

すきなにほんりょうりはラーメンです。

(好きな日本料理はラーメンです。)
좋아하는 일본 요리는 라멘입니다.

2번처럼 모든 구, 모든 단어를 똑같은 높이로 발음하게 되면 굉장히 플랫(평평하게)하게 들려서 귀를 쫑긋 기울이지 않으면 뭐라고 하는지 잘 안 들어와요. 어색하고 듣기 불편한 일본어가 돼요.

1번은 각 단어의 악센트의 핵이 있기 때문에 올라갔다 내려갔다 음의 높낮이가 변하지만, 문장 전체적으로 봤을 때는 へ의 모양을 그리며 문장 끝으로 갈수록 음이 점점 내려가요. ⓐ보다 ⓑ가 더 낮고, ⓑ보다 ⓒ가 더 낮게 발음되는 거죠. 이렇게 발음하게 되면 듣기 편하고, 단순히 소리만 들리는 게 아니라 의미도 듣는 사람의 머릿속에 쏙쏙 들어오게 돼요.

반면, 3번은 ラーメン에서 갑자기 음이 올라갔죠. 이렇게 문장 안에서 두고형의 단어가 나올 때 첫 박을 높게 말하려는 의식이 강한 나머지 갑자기 훅 튀게, 높게 발음해 버리는 경우가 있어요. 이렇게 말하면 내가 좋아하는 일본 요리는 からあげ도 아니고, おすし도 아니고 ラーメン이라는 것을 강조해서 말하고 싶은 것처럼 들려요. 강조하고 싶은 의도가 없는 이상, 1번처럼 へ의 모양으로 말한다는 것을 기억해 주세요.

●평서문　　　　　　　　　　　　　　　　　　　　　　　▶ Track | 4-1-3

すきなにほんりょうりはからあげです。

（好きな日本料理は唐揚げです。）
좋아하는 일본 요리는 닭튀김입니다.

かんこくのソウルにすんでいます。

（韓国のソウルに住んでいます。）
한국 서울에 살고 있습니다.

ともだちとごはんをたべた。

（友達とご飯を食べた。）
친구와 밥을 먹었다.

●의문문　　　　　　　　　　　　　　　　　　　　　　　▶ Track | 4-1-4

えきはどこですか？

（駅はどこですか。）
역은 어디입니까?

もくようびあいてる？

（木曜日空いてる？）
목요일에 시간 돼?

　　　　　　　　　　　　　　　　　　　　　　　　　　　▶ Track | 4-1-5

*주의

でしょうか의 경우는 か로 끝나는 의문문이지만 끝을 올리지 않아요.

よろしいでしょうか。　괜찮으신가요?

いかがでしょうか。　어떠신가요?

② 의미상 한 덩어리는 연결하기

　여러 단어가 이어질 때, 의미상이나 문법상 하나의 덩어리로 볼 수 있는 경우, 특별히 강조할 의도가 없다면 발음상으로도 자연스럽게 하나로 연결되게 발음해요.

🎧 들어 보세요　　　　　　　　　　　　　　　　　　◉ Track | 4-1-6

음성을 듣고 각 문장에 어떠한 차이가 있는지 생각해 보세요.

1　ぼくのカメラ(僕のカメラ) 나의 카메라

2　ぼくのかばん(僕のかばん) 나의 가방

3　わたしのカメラ(私のカメラ) 나의 카메라

4　わたしのかばん(私のかばん) 나의 가방

　포인트는 앞 단어의 악센트인데요. 먼저, 1번과 2번의 ぼく 처럼 악센트의 핵이 있는 경우는, 뒤 단어에서 음이 다시 올라가더라도 앞 단어만큼 높게 올라가지 않아요. 만약 앞 단어만큼 혹은 그 이상으로 높게 올라가면, 뒤 단어를 강조하는 것처럼 들리거나 어색하게 들릴 수 있어요. 반면 3번과 4번의 わたし 처럼 악센트의 핵이 없는 경우(즉, 높은음으로 끝나는 경우)는 뒤 단어의 첫소리도 비슷한 높이로 부드럽게 이어져요.

わたしのかばん

ⓐ　　　　ⓑ

かばん은 단어만 떼어 놓고 보면 저고고의 악센트를 가진 단어예요. 그래서 わたしの 다음에 か를 제대로 낮춰서 발음해야 할 것 같죠(ⓐ). 하지만 '나의'와 '가방'을 각각 따로 말하는 게 아니라, '내 가방'이라는 하나의 의미 덩어리로 전달할 때는 か에서 제대로, 티 나게 음을 낮추기보다 비슷한 높이로 이어가 보세요. (ⓑ) 그래야 '내 가방'이라는 한 덩어리로 자연스럽게, 상대방의 귀에 쏙 들어오게 됩니다.

여기서 잠깐! '앞 단어가 높게 끝나면 뒤도 무조건 높아야 한다'라고 공식처럼 외우거나 머리로 계산하진 마세요. 살짝 내려갔다고 해서 전혀 문제가 되지 않아요. 오히려 너무 의식한 나머지 인위적으로 평평하게 말하면 AI 음성처럼 딱딱하게 들릴 수 있어요. 문장으로 말할 때도 각 단어에 '악센트의 핵(고→저로 낮아지는 부분)'이 있는지, 있다면 어디에 있는지를 파악하고 그다음 박의 음을 제대로 내려주면 돼요.

わたしのカメラ: カ에 핵이 있으니 그 뒤인 メ에서 확실히 내리기!

わたしのかばん: 어디에도 핵이 없으니 음을 확실히 내릴 필요가 없겠죠?

그리고 가장 중요한 건 음성을 듣고 들리는 그대로 따라 하는 것이에요! 듣고 따라 하며 연습하다 보면 '아, か에서 꼭 티 나게 내려야 하는 건 아니구나' 하고 자연스럽게 감각으로 익혀지게 될 거예요.

まもるのぼうし（まもるの帽子）　　　やさしいひと（優しい人）

마모루의 모자　　　　　　　　　　　자상한 사람

しらないばしょ（知らない場所）　　　いってください（行ってください）

모르는 장소　　　　　　　　　　　　가 주세요

おくってもらう（送ってもらう）

（누군가가 물건 등을）보내주다

🗣 연습해 보세요　　　　　　　　　　▸ Track | 4-1-9

1 最近、早起きするのが少しずつ習慣になってきました。

요즘 일찍 일어나는 게 조금씩 습관이 되어가고 있습니다.

最近、早起きするのが少しずつ習慣になってきた。

요즘 일찍 일어나는 게 조금씩 습관이 되어가고 있다.

2 運動したあとのコーヒーって、なんだか特別においしい気がします。

운동 후에 마시는 커피는 왠지 특별히 맛있는 느낌이 듭니다.

運動したあとのコーヒーって、なんだか特別においしい気がする。

운동 후에 마시는 커피는 왠지 특별히 맛있는 느낌이 든다.

3 朝ごはんは毎日食べるタイプですか。

아침밥은 매일 먹는 타입입니까?

朝ごはんは毎日食べるタイプ？

아침밥은 매일 먹는 타입이야?

4 その本、もう読み終わりましたか。

그 책, 벌써 다 읽었습니까?

その本、もう読み終わった？

그 책 벌써 다 읽었어?

5 明日の打ち合わせはこの時間でよろしいでしょうか。

내일 회의는 이 시간으로 괜찮으십니까?

明日の打ち合わせはこの時間でいい？

내일 회의는 이 시간으로 괜찮아?

6 何かご不明な点はございませんでしょうか。

혹시 궁금한 점 없으십니까?

何か不明な点はない？

혹시 궁금한 점 없어?

2. 감정, 의도를 나타내는 인토네이션

🎧 들어 보세요

▸ Track | 4 − 2 − 1

음성을 듣고 각 문장에 어떤 뉘앙스 차이가 있는지 생각해 보세요.

そうですか

ⓐ　　　ⓑ　　　ⓒ

🔍 자세히 알아봐요

　이번 과에서는 같은 표현이라도 인토네이션에 따라 말하는 사람의 감정이나 의도가 어떻게 달라지는지 직접 듣고, 비교하고, 따라 말해보면서 연습해 볼 거예요. か, ね, よ, じゃない와 같은 문장 끝 조사의 인토네이션에 따라 다양한 감정과 의도를 전달할 수 있어요.

① か의 인토네이션

▸ Track | 4 − 2 − 2

そうですか
질문처럼 '그래요?'하고 물을 때

そうですか
'아, 그렇군요'하고 받아들일 때, 가벼운 맞장구를 칠 때

そうですか
아쉬움이나 낙담을 표현할 때

そうですか
믿기 어렵거나 반신반의할 때

そうですか
놀라거나 기쁠 때

1

このケーキ、あまり甘くないですよ。
そうですか。じゃ、これにします。

2

明日のプレゼン、15時からになりました。
そうですか。じゃあ、早めに資料を仕上げないとですね。

3

明日のお祭り、台風で中止になったそうです。
そうですか…。楽しみにしてたのに。

4

本当ですよ。
付き合ってません。
そうですか。
なんか怪しいけど…。

5

子供が大学に
合格しました！
そうですか！
おめでとうございます！

そうですね

'그러네요'하고 동의할 때, 맞장구를 칠 때
(끝이 살짝 올라가는 경우도 있어요.)

そうですね →

'음, 그러니까…'하고 전에 생각할 때, 망설일 때

🔊 듣고 따라 해 보세요

1

2

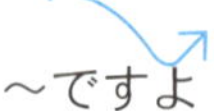

③ よ의 인토네이션　　　　　　　　　　　　　　　○ Track | 4-2-6

〜ですよ↗
상대방이 모르는 정보를 알려줄 때

〜ですよ↘
자신의 의견을 강하게 말할 때

듣고 따라 해 보세요　　　　　　　　　　　　　○ Track | 4-2-7

1

2

*주의

いいですよ의 경우, 누군가가 제안을 했을 때 인토네이션에 따라 YES, NO로 나
뉘어요.

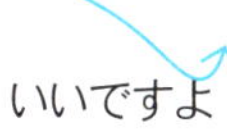

① A : 今週の日曜日、一緒に花見しませんか？
　　이번 주 일요일에 같이 벚꽃 보러 가지 않을래요?

　　B : いいですよ。ぜひ！ 좋아요(YES)! 꼭 같이 가요!

② A : ごちそうさせてください。 제가 대접하게 해 주세요.

　　B : いいですよ。今日は僕が奢ります。 괜찮아요(NO). 오늘은 제가 살게요.

④ ～じゃない

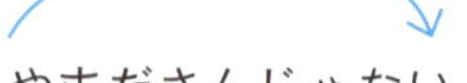

やまださんじゃない　　　やまださんじゃない　또는　やまださんじゃない

'야마다 씨 아니야'라고 부정할 때　'야마다 씨 같은데 그렇지 않아?'하고 동의/의견을 구할 때

やまださんじゃない

'거봐, 야마다 씨 맞잖아'라고 긍정할 때 '야마다 씨잖아!'라고 의외/놀람을 표현할 때

듣고 따라 해 보세요

1

A 今日のお昼、とんこつラーメンにしませんか？

오늘 점심, 돈코츠 라멘 어떠세요?

B そうですね…。昨日食べたばかりなので違うものでもいいですか。

그렇네요… 어제 막 먹은 참이라, 다른 거 먹어도 될까요?

A もちろんいいですよ。じゃあ、カレーはどうですか？
　近くにおいしいお店ありますよ。

물론이죠. 그럼, 카레는 어때요? 근처에 맛있는 가게 있어요.

B いいですね。そうしましょう。

좋네요. 그렇게 해요.

2

A あの…もしかして、加藤さん…ですか？

저기… 혹시 카토 씨… 맞나요?

B えっ!？うそ、佐々木さんじゃない？久しぶり！

에! 말도 안 돼. 사사키 씨 아니야? 오랜만이야!

A やっぱり！全然変わってなくてすぐ分かりましたよ。

역시! 전혀 안 변해서 바로 알아봤어요.

B いやいや、変わってないのは加藤くんのほうじゃない。
　高校のときのままでびっくりしたよ！

아니 아니, 카토 군이야 말로 하나도 안 변했잖아.

고등학교 때 그대로라서 깜짝 놀랐어!

3. 강조하기

🎧 들어 보세요

● Track | 4-3-1

음성을 듣고 각 문장에 어떤 의도 차이가 있는지 생각해 보세요.

今日東京駅で伊藤さんに会います。

오늘 도쿄역에서 이토 씨를 만납니다.

ⓐ   ⓑ

🔍 자세히 알아봐요

　우리가 글을 쓸 때 유독 강조하고 싶은 부분은 글씨를 키우거나 굵게 표시하곤 하죠. 이와 마찬가지로 말할 때도 문장 안에서 특히 전달하고 싶은 부분을 다른 부분에 비해 '높게' 발음하면 그 부분이 더 돋보이게 말할 수 있어요. 그리고 자연스레 목소리에 힘이 더 실리고 천천히 발음하게 돼요. 또, 강조하고 싶은 부분 앞에 살짝 쉼을 넣어서 강조할 수도 있어요.

きょうとうきょうえきでいとうさんにあいます。

반면, ⓐ는 東京駅를 높게 발음했기에 만나는 장소는 新宿駅도 渋谷駅도 아
닌 東京駅이라는 것을 강조하고,

きょうとうきょうえきでいとうさんにあいます。

ⓑ는 伊藤さん을 높게 발음했기에 만날 사람은 田中さん도 鈴木さん도 아
닌 伊藤さん이라는 것을 강조하는 것이에요.

きょうとうきょうえきでいとうさんにあいます。

밑줄 친 단어를 강조해서 말해 보세요.

1

2

3

4. 끊어 읽기

🎧 들어 보세요

● Track | 4-4-1

음성을 듣고 각 문장의 뉘앙스 차이가 어떤지 생각해 보세요.

えんどう　　　　いっしょうけんめいべんきょう　　　　むすめ　　はげ
遠藤さんは一生懸命勉強する娘を励ました。

엔도 씨는 열심히 공부하는 딸을 격려했다.

ⓐ　　　　　　ⓑ

🔍 자세히 알아봐요

「遠藤さんは一生懸命勉強する娘を励ました。」라고 끊는 부분 없이 한숨에 읽으면 遠藤さん이 열심히 응원한 것과 딸이 열심히 공부한 것 어느 쪽인지 이 문장만 가지고는 확실히 알 수가 없죠. 이럴 때 끊어 읽기를 하면 이중적으로 의미 해석이 가능한 문장의 의미가 명확해져요.

ⓐ처럼 一生懸命 뒤에서 잠시 쉬면 엔도 상이 열심히 응원한 것,

えんどうさんはいっしょけんめい / べんきょうするむすめをはげました。

ⓑ처럼 遠藤さん 뒤에서 잠시 쉬면 딸이 열심히 공부한 것이 돼요.

えんどうさんは / いっしょけんめいべんきょうするむすめをはげました。

그리고 이러한 이중적인 의미를 확실히 하는 것 말고도 문장의 의미를 알아듣기 쉽게 전달하는 데에도 끊어 읽기는 중요한 역할을 해요.

예를 들어 '明日から日本に出張に行きます。 내일부터 일본에 출장을 갑니다'를 아래와 같이 끊어 읽었다고 해볼게요.

あした / からにほん / にしゅっちょう / にいきます。

이렇게 문장 중간에 뚝뚝 끊으면 알아듣기가 어려워요. 한국어로 바꿔서 생각하면 금방 이해가 될 거예요. '내일부터 일본에 출장을 갑니다'라고 한 호흡에 말할 수 있는 것을 '내일', '부터 일본', '에 출장', '을 갑니다.' 이렇게 말하고 있는 거예요. 이처럼 의미상 하나로 묶이는 부분은 끊지 않고 한 호흡에 읽는 것이 듣는 사람이 이해하기 쉬워요. 예를 들어 は, ですが, ので, して, したり, すると 처럼, 글로 봤을 때 보통 뒤에 [、] 쉼표가 붙는 위치에서 쉬어주면 문장 안에서 의미 단위가 나뉘는 부분을 확실하게 전달할 수 있어서 더 자연스럽고 듣기 쉬운 일본어가 돼요. 다만, 쉼표가 있다고 해서 항상 쉬어야 하는 건 아니고, 문장의 흐름과 의미에 따라 자연스럽게 말하는 것이 중요해요.

🗨 연습해 보세요 ①

음성을 듣고 각 문장에 어떤 뉘앙스 차이가 있는지 생각해 보세요.

1

弟が買ったばかりのお菓子を食べてしまった。

남동생이 방금 산 과자를 먹어버렸다.

ⓐ　　　ⓑ

2

うちの猫と犬が遊んでいる。

우리 고양이와 강아지가 놀고 있다.

ⓐ　　　ⓑ

🗨 연습해 보세요 ②

음성을 듣고 자연스럽게 끊고 이어 말하기를 연습해 봐요.

私が日本語を勉強し始めたきっかけは、

제가 일본어 공부를 시작한 계기는

「チェリーとクローバー」という日本のドラマです。

'체리와 클로버'라는 일본어 드라마입니다.

먼저, 조사를 기준으로 나눠 말해 보세요.

[私が日本語を勉強し始めたきっかけは、]

① 私が / 日本語を / 勉強し始めた / きっかけは、

각 단어에 익숙해지면 ②에서 ④까지 서서히 끊지 않고 자연스럽게 이어 말하는 범위를 넓혀 가 보세요.

→ ② 私が日本語を → ③ 私が日本語を勉強し始めた → ④ 私が日本語を勉強し始めたきっかけは

[「チェリーとクローバー」という日本のドラマです。]

①「チェリーと / クローバー」という / 日本の / ドラマです。

→ ②「チェリーとクローバー」という → ③「チェリーとクローバー」という日本の → ④「チェリーとクローバー」という日本のドラマです。

마지막으로 두 파트를 연결해 다음과 같이 읽어 보세요.

私が日本語を勉強し始めたきっかけは、 //「チェリーとクローバー」という日本のドラマです。

Chapter 5

아웃풋하기

    자연스러운 일본어 발음을 내 것으로 만들기 위해서는 최대한 많이 듣고 직접 소리 내어 말해 보는 것이 매우 중요해요.

    이번 챕터에서는 저의 일본어 발음 향상에 큰 도움을 주었던 '필승 섀도잉 연습법'을 소개드려요. 일상 대화부터 뉴스까지 다양한 상황별 예문 연습을 통해 여러분의 일본어가 한층 더 자연스러워지는 변화를 경험해 보세요.

1. 섀도잉하기

2. 자기소개

3. 날씨 이야기

4. 맛 표현하기

5. 일본 여행 이야기

6. 내 의견 말하기

7. 뉴스로 연습하기

1. 섀도잉하기

섀도잉은 말하는 사람의 음성을 그림자처럼 그대로 따라 말하는 연습법이에요. 음성을 듣고 내 스타일대로 따라 하는 게 아니라 "그 사람이 되어보는 것"이 포인트예요.

- 히라가나 발음
- 박자 감각
- 악센트&인토네이션
- 말하는 속도
- 호흡(끊어 읽는 타이밍)

이 모든 것을 그대로 흡수해서 내 것으로 만드는 것이 섀도잉의 핵심이에요. 섀도잉을 반복하다 보면 일본어 발음이 자연스럽게 몸에 스며들고 네이티브처럼 말하는 감각이 생기게 돼요.

| 섀도잉의 효과 |

섀도잉을 통해 여러분은,

- 네이티브같은 깔끔한 일본어 발음으로 말할 수 있어요.

- 악센트와 인토네이션을 캐치할 수 있는 귀가 열려요.

- 박자 감각과 호흡을 자연스럽게 익힐 수 있어요.

- 처음 보는 문장도 자연스럽게 읽을 수 있는 감각이 생겨요.

- 내 발음의 어색한 부분을 스스로 인식하고 고칠 수 있는 힘이 생겨요.

결코 하루아침에 이루어지는 것은 아니지만, 꾸준히 노력하다 보면 여러분의 일본어 발음이 점점 더 자연스럽고 자신감 있게 변화할 거예요.

| 섀도잉 교재 |

① 뉴스

　자연스럽고 깔끔한 일본어 발음을 연습하기에는 뉴스가 가장 좋아요. 발음, 박자, 악센트, 인토네이션, 말하는 속도, 호흡까지 모두 확실하게 배울 수 있어요. 특히 NHK 뉴스 아나운서는 정제되고 깨끗한 발음을 구사하기로 인정받죠. 뉴스를 고를 때는 자신이 관심 있는 주제나 어려워하는 발음이 포함된 기사, 한국과 관련된 기사 등 '이건 연습해 보고 싶다'라는 마음이 드는 걸 골라 보세요. 그 뉴스에서 나온 단어를 나중에 실제 대화에서 써 보면 성취감도 생기고, 동기부여도 훨씬 잘될 거예요.

■ NHK NEWS WEB https://news.web.nhk/newsweb

■ NHK 이외의 뉴스는 유튜브에서 [원하는 키워드] + ニュース로 검색

② 일본 방송

　일상 회화로 발음 연습을 하기에는 드라마, 영화, 예능 등도 좋은 섀도잉 자료가 될 수 있어요. 특히 예능은 출연자가 말하는 내용의 대부분이 방송 내 일본어 자막으로 나오기에 따라 말하기에 딱 좋아요. 단, 무조건 따라 하기보다는 딕션이 좋은 사람, 내가 닮고 싶은 분위기나 목소리 톤, 말투를 가진 사람을 골라 섀도잉해 보세요. 예를 들어 일본 회사 면접을 준비 중이라면 통통 튀고 귀여운 여고생보다 똑 부러지고 차분한 인상을 주는 말투의 배우나 아나운서를 따라 하는 게 좋겠죠. 또한, 긴 호흡의 문장으로 말하는 연습, 대화 연습을 해보고 싶을 때 유명인의 인터뷰, 대담 영상을 활용해 보세요.

■ 유튜브에 [対談/独占インタビュー + 드라마 이름] 검색

③ 라디오(팟캐스트)

라디오는 소리에 집중해서 연습할 수 있는 좋은 교재예요. 제가 추천하는 프로그램은 아즈미 신이치로의 일요 천국(安住紳一郎の日曜天国)이에요. 이 프로그램의 특징은 뉴스가 아닌 일상 회화에 가까운 일본어를 아나운서의 음성으로 듣고 따라 할 수 있다는 것, 게다가 내용이 재미있어서 즐겁게 연습할 수 있답니다.

✅ 애니메이션은 장르에 따라서 실생활에서 사용되지 않는 단어 등이 많고, 발음이나 억양이 일상 대화보다 다소 극적으로 표현되는 경우가 있기에 섀도잉 교재로는 추천해 드리지 않아요.

| 섀도잉 방법 |

지금부터는 제가 여러 시행착오 끝에 정리해 온, 효과를 많이 본 섀도잉 방법을 소개해 드릴게요. 저는 주로 NHK 뉴스를 가지고 연습해 왔지만, 이 방법은 드라마, 회화문, 독백, 팟캐스트 등 어떤 콘텐츠에도 그대로 적용할 수 있어요.

순서

스크립트 받아쓰기 〉 1차 녹음 〉 음의 높낮이 표시하기 〉 듣고 따라 하기 ⇄ 동시에 말하기 〉 최종 녹음

분량

10~15초 내외의 짧은 구간을 골라 보세요. 섀도잉은 양보다는 하나의 문장이라도 꼼꼼하고 제대로 연습하는 것이 중요하기 때문에 한꺼번에 많은 양을 연습하지 않아도 돼요.

준비물

섀도잉 노트, 샤프&지우개(혹은 지워지는 펜), 빨간펜, 녹음 앱

섀도잉이라고 하면 '곧바로 소리를 따라 말하는 연습'을 떠올리기 쉬운데요. 사실은 그 전에 먼저 귀를 열고, 소리를 충분히 듣는 시간이 함께할 때 훨씬 더 효과적이에요. 의미와 소리에 익숙해지고, 지금 내 발음을 점검하며, 일본어의 음의 높낮이를 캐치하는 훈련까지 모두 섀도잉의 중요한 요소예요. 그래서 지금부터 소개해 드릴 방법도, '따라 말하는 것'에 앞서, 소리와 친해지는 시간부터 시작합니다.

① 스크립트 만들기 : 의미와 소리에 익숙해지기

섀도잉을 시작하기 전에, 먼저 문장을 이해하고 소리에 익숙해지는 시간이 필요해요. 가장 좋은 방법은 스크립트를 직접 만들어보는 것이에요. 먼저 음성을 들으며 히라가나로 받아쓰기를 해 보세요. 모르는 부분은 비워둔 채 한 문장을 처음부터 끝까지 쭉 들어보는 게 좋아요. 그 다음엔 여러 번 반복해서 들으면서 점점 빈칸을 채워 나가 보세요. 70~80% 어느 정도 받아쓰기가 끝나면 아는 선에서 한자어는 한자로, 외래어는 가타카나로, 숫자는 숫자로 바꿔 써 보세요. 그러고 나서 정답 스크립트로 못 들은 부분을 체크하고 정답 스크립트를 필사해 주세요. 그리고 각 단어 위에는 후리가나도 함께 달아 주세요.

② 1차 녹음하기 : 지금 내 발음을 가볍게 점검해 보기

본격적인 섀도잉을 시작하기 전에 음성 없이 스크립트만 보고 소리 내어 읽고 녹음해 보세요. 발음이 어색하거나 중간에 말이 꼬여도 괜찮아요. 이렇게 읽어보면, 지금 내가 어려워하는 발음이 어디인지 자연스럽게 알 수 있어요. 이것만으로도 연습 방향이 훨씬 또렷해져요. 이 녹음은, 나중에 섀도잉 연습을 충분히 마친 뒤의 내 일본어와 비교해 보는 기준이 되어줄 거예요. 발음이 얼마나 자연스러워졌는지, 어떤 부분이 달라졌는지를 직접 들어보면 연습의 효과가 훨씬 더 분명하게 느껴지고, 성취감도 커져요. 한 번만 녹음하면 충분해요. 여러 번 반복하지 않아도 괜찮으니, 지금의 목소리를 가볍게 담아 보세요.

③ 음의 높낮이 표시하기 : 음의 높낮이를 캐치하는 훈련하기

여기가 바로 링고야 섀도잉의 핵심, 가장 중요한 단계예요. 소리를 세밀하게 들으며 일본어의 악센트와 인토네이션을 캐치하는 '귀'의 힘을 기르는 과정이에요. 음성을 들으며 스크립트의 후리가나 위에 악센트의 핵을 위주로 점을 찍고, へ의 인토네이션을 의식하며 음이 높고 낮아지는 부드러운 곡선을 그려 보세요. 직접 음의 높낮이를 표시하며 캐치하는 힘을 기르면, 섀도잉 훈련을 할 때뿐만 아니라 드라마를 보거나 일본인 친구와 대화할 때도 '아, 이 단어는 이렇게 말하는구나!'하고 자연스러운 악센트가 귀에 쏙쏙 들어오기 시작해요. 그렇게 하나하나 캐치한 단어가 내 것이 되어 쌓이면, 말할 때의 자연스러움이 눈에 띄게 달라집니다.

한 가지 주의점! 이 과정의 목적은 '100% 완벽한 정답지'를 만드는 것이 아니에요. 그러니 핵의 위치가 다소 애매하게 느껴지거나 곡선이 덜 그려졌더라도 괜찮아요. '어느 정도 높낮이의 흐름이 들린다!', '이제 입을 떼 보고 싶다!'라는 느낌이 든다면 다음 단계로 넘어가셔도 돼요. 꾸준히 섀도잉을 반복하다 보면 캐치하는 정확도와 속도가 자연스럽게 향상될 테니까요. 음의 높낮이를 표시할 때 고민이 너무 길어진다면 '딱 10번만 들어본다!'하고 스스로 횟수를 정해보는 것도 좋아요. 이후 섀도잉 연습을 하며 녹음한 내 목소리와 원음의 차이가 느껴질 때마다 조금씩 수정해 나가면 돼요.

④ 듣고 따라 하기 ⇄ 동시에 말하기 : 소리 내 말하며 내 것으로 만들기

원어민의 발음과 속도에 최대한 가까워질 때까지 섀도잉하는 단계예요. 먼저, 스크립트를 보면서 음성을 듣고 따라 말하기부터 시작해요. 문장을 처음부터 끝까지 한 번에 하려고 하지 않아도 괜찮아요. 처음에는 의미 단위로 잘라서,

짧게 끊어 연습해 보세요. 예를 들어, **年賀状の配達が始まりました**(연하장 배달이 시작되었습니다)라는 문장으로 연습한다고 해 볼게요. '**ねんがじょうの**'(연하장의)까지 연습해 보고 익숙해지면 '**ねんがじょうのはいたつも**'(연하장의 배달도)까지 이렇게 조금씩 길게 이어가며 연습해 보는 거예요. 발음이나 속도가 어느 정도 맞아졌다고 느껴지면, 이번엔 음성을 틀어놓고 동시에 따라 말해 보세요. 막상 해보면, 생각보다 내가 말하는 속도가 느리거나, 어딘가 박자나 음의 높낮이가 원어민과 다르게 들릴 수 있어요. 그럴 때는 다시 듣고 따라 말하기로 돌아가고, 익숙해지면 다시 동시에 말하기를 끈기 있게 반복해 보세요. 이렇게 듣고 따라 하기 ⇄ 동시에 말하기를 오가며 조금씩 더 자연스럽게 다듬어 가면 돼요.

이 단계에서도 매번 꼭 녹음을 해 보세요. 내가 말한 소리와 원음의 차이를 훨씬 더 또렷하게 느낄 수 있고 다음 연습 때 고쳐야 할 부분도 더 분명하게 보여요. 음성과 내 목소리를 나란히 들어보며 발음이나 박자, 음의 높낮이가 어떻게 다른지, 또 얼마나 닮아가고 있는지를 직접 느껴보는 것. 그 비교와 조정이 바로 이 단계에서 매우 중요해요.

⑤ 최종 녹음하기 : 지금까지의 연습, 나만의 목소리로 마무리하기

이제 마지막 단계예요. 이번에는 음성 없이, 스스로 음성에 나오는 원어민이 되었다는 마음으로 스크립트를 읽고 녹음해 보세요. 지금까지 연습한 것을 다 쏟아붓는다는 마음으로요! 물론, 한 번 녹음해서 마음에 들지 않으면 조금 더 연습한 뒤 '최최종 녹음'을 해도 괜찮아요. 그러고 나서 1차 녹음과 최종 녹음을 비교해서 들어 보세요. 어떤 부분이 훨씬 자연스럽게 들리는지, 내가 얼마나 발전했는지를 직접 느껴보는 것만으로도 큰 성취감을 느낄 거예요. 그때는 자신을 크게 칭찬해 주세요! 또, 나아진 점과 아직 부족하다고 느껴지는 점들을 간단하게 메모해 두면 다음 연습 때 훨씬 명확한 방향을 잡을 수 있어요.

저는 한창 섀도잉을 꾸준히 하던 시기엔 받아쓰기부터 최종 녹음까지 하루 1~2시간 정도 걸리기도 했어요. 스스로 99.9% 비슷하다고 느낄 때까지 반복했을 정도였죠. 하지만 어느 정도 연습할지는 전적으로 여러분의 몫이에요. 욕심이 나는 만큼, 그리고 즐길 수 있는 만큼만 하시면 돼요. 이 연습은 누구를 위한 것도 아닌, 오직 여러분 자신의 일본어를 위한 것이니까요.

링고야의 섀도잉 방법 총정리

① 음성을 듣고 받아쓰며 스크립트를 만들어 보세요.

② ①에서 만든 스크립트를 읽고, 1차 녹음을 해 보세요.

③ 스크립트 위에 음의 높낮이를 표시해 보세요.

④ 듣고 따라 하기 ⇄ 동시에 말하기를 반복하며 연습해 보세요. (매번 녹음하는 것도 잊지 마세요!)

⑤ 최종 녹음을 해보고, 1차 녹음과 비교해 어떤 점이 달라졌는지 직접 체크해 보세요.

🎧 들어 보세요　　　　　　　　　　　▶ Track | 5-1-1

지금까지 배운 방법을 활용하여 아래의 문장들을 섀도잉해 보세요.

1 鈴木さんとフランス料理を食べました。 스즈키 씨와 프랑스 요리를 먹었습니다.

2 明日、新幹線で名古屋に行きます。 내일, 신칸센으로 나고야에 갑니다.

✅ 부록 "링고야 섀도잉 노트"를 활용해 보세요!

그럼 이제 회화문, 뉴스 원고 등 다양한 문장으로 섀도잉 연습을 이어 가 볼게요.

+ 악센트, 여기서 찾아 보세요! +

일본인과 대화하다 보면 '이 단어는 어떤 악센트로 말하지'하고 궁금해질 때가 있죠. 그럴 때 활용할 수 있는 방법들을 알려 드릴게요.

| 일본인 음성 직접 듣기 (사전을 찾기 전에 먼저 들어보기)

악센트가 궁금해지면, 먼저 유튜브에서 실제 일본인 음성을 찾아보는 것부터 시작해 보세요. 문장 속에서 자연스럽게 쓰이는 발음을 직접 들을 수 있다는 점이 큰 장점이에요. 게다가 사전에서는 찾기 힘든 사람 이름, 가게 이름, 신조어 같은 표현들도 확인할 수 있답니다. 이렇게 음성을 직접 찾아 듣다 보면 악센트를 캐치하는 귀가 점점 더 예리해질 거예요. 여러 번 반복해 듣는 과정에서 애써 외우려 하지 않아도 자연스럽게 귀에 익고 각인되는 경험을 할 수 있어요.

악센트 캐치 연습을 이제 막 시작하신 분이라면, 동화책 낭독 영상, 뉴스, 드라마나 영화의 예고편, CF 영상을 추천해 드려요. 이런 영상에는 아나운서나 나레이터처럼 정확하고 귀에 쏙쏙 들어오는 발음을 구사하는 사람들이 등장하기 때문에, 악센트를 캐치하고 따라 하기 쉬워요. 드라마나 영화는 실제 대화를 통해 악센트를 익힐 수 있어서 좋지만, 문장이 길거나 말하는 속도가 빠르게 느껴질 수 있어 학습 초반에는 다소 어려울 수 있어요. 그래서 처음엔 캐치하기 보다 수월한 콘텐츠부터 들어보고, 점차 드라마나 영화로 확장해 보는 걸 추천합니다.

찾고 싶은 단어가 유튜브에서 잘 안 나오거나, 영상을 하나하나 찾고 보기엔 시간이 너무 오래 걸린다면? 그럴 땐 Youglish를 활용해 보세요. 단어를 검색하면 해당 단어가 들어간 영상들을 한꺼번에 볼 수 있어서 찾기 훨씬 편하고, 반복해서 듣기에도 딱이에요. 주로 TED 등의 강연이나 개인 유튜브 영상이 나와요.

말투나 억양은 사람마다 조금씩 다를 수 있으니, 영상 하나만 보기보다 여러 영상(10개 정도)을 들어보며 가장 많이 공통적으로 들리는 악센트를 따라 연습해보는 걸 추천해 드려요.

| 악센트 사전 활용하기(함께 쓰면 더 든든)

귀로만 캐치하기 어려울 때는 아래 악센트 사전들도 함께 활용해 보세요.

NHK日本語発音アクセント新辞典(NHK 일본어 발음 악센트 신 사전)

일본 아나운서나 성우들도 기준으로 삼을 만큼, 정확도와 신뢰도가 높은 사전이에요. NHK가 방송에서 사용되는 단어 약 7만 5,000개의 악센트를 모은 사전으로, 사람 이름과 같은 고유명사, 유행어 등을 빼고는 일상생활에서 사용하는 웬만한 단어는 여기에 수록되어 있어요. 제가 특히 마음에 드는 부분은, 동사·이형용사의 활용형까지 확인할 수 있다는 거예요. 예를 들어 食べる를 검색하면食べない, 食べた와 같은 활용형의 악센트도 함께 보여줘요. 또 숫자 + 人, 個, 円 같은 조수사가 붙었을 때 악센트가 바뀌는 경우도 있는데, 이런 조수사가 표로 정리되어 있어서 찾아보기가 무척 편리해요.

사전을 구매하기는 부담스럽거나, 가볍게 확인만 하고 싶을 때 쓸 수 있는 무료 사이트/앱을 소개합니다.

日本語教育用アクセント辞典

(일본어 교육용 악센트 사전 https://accent.u-biq.org/)

등재 단어 수는 적은 편이지만, 일상 회화에서 자주 쓰기 쉬운 단어들이 정리되어 있어요. 악센트의 관점에서 일본어 단어를 처음부터 다시 정리하고 싶을 때, 이 사이트에 있는 단어들부터 마스터해본다라는 관점에서 활용하셔도 좋아요.

약 18만 개의 단어가 수록되어 있고, 악센트 표기와 음성뿐만 아니라 단어의 뜻과 한자, 예문까지 함께 제공돼요. 초급부터 고급까지 레벨별로 분류되어 있어서 자신의 수준에 맞는 단어를 골라 공부하기에도 좋아요.

OJAD
(https://www.gavo.t.u-tokyo.ac.jp/ojad/)

일본어 교육 교수진과 음성 기술 전문가들이 함께 개발한 사이트예요. 단어의 악센트는 물론, 문장을 입력하면 문장의 전체 음의 높낮이까지 시각적으로 확인할 수 있어요. 하지만 입력한 문장 구조 등에 따라 실제 말하는 것과 다르게 나올 수 있기 때문에, 어디까지나 참고용으로 활용해 주세요.

***주의**

다만, 일부 오류가 있을 수 있으니 어디까지나 참고용으로 활용하고, 실제 일본인 음성을 우선해 듣는 것을 추천해 드려요.

2. 자기소개

| 준비하기 |

셰도잉을 하기 전 먼저 음성을 듣고 "링고야 셰도잉 노트"에 스크립트를 받아쓰기해 보세요. 그러고 나서 앞서 배운 순서대로 셰도잉을 이어가 주세요.

✅ "링고야 셰도잉 노트"는 PDF로 제공됩니다.

🗒 친구에게 山田さんを 소개받아 처음 인사하는 자리예요.

キム ： はじめまして。キム・ソラです。よろしくお願いします。

山田 ： はじめまして。山田です。よろしくお願いします。
ご出身はどちらですか？

キム ： ソウル出身です。山田さんは？

山田 ： 東京です。キムさん、日本語お上手ですね！
日本語はどのくらい勉強しましたか？

キム ： ありがとうございます。10年ぐらい勉強しました。

山田 ： へえ、すごいですね！
どうして日本語を勉強しようと思ったんですか？

キム ： 日本のアニメが好きで、日本語を勉強しました。
特に「ももいろメロディー」が大好きです。

山田 ： え、本当ですか？私も大好きです。また色々話しましょう！

キム ： ぜひ！よろしくお願いします。

김   처음 뵙겠습니다. 김소라입니다. 잘 부탁드립니다.

야마다   처음 뵙겠습니다. 야마다입니다. 잘 부탁드립니다.

        출신이 어디신가요?

김   서울 출신이에요. 야마다 씨는요?

야마다   도쿄예요. 김 씨 일본어 정말 잘하시네요!

        일본어 얼마나 공부하셨나요?

김   감사합니다. 10년 정도 공부했어요.

야마다   우와 대단하네요.

        왜 일본어 공부하게 됐어요?

김   일본 애니메이션을 좋아해서 일본어를 공부했어요.

        특히 "모모이로 멜로디"를 정말 좋아해요.

야마다   어, 정말요? 저도 엄청 좋아해요. 또 여러 가지 이야기 나눠요!

김   꼭이요! 잘 부탁드립니다.

| 발음 포인트 살펴보기 |

① 장음

장음의 유무로 완전히 다른 의미가 될 수 있어요. 꼭 한 박을 지켜서 말하는 습관을 들여 보세요.

🎧 듣고 따라 해 보세요 ▶ Track | 5-2-2

とうきょう(東京) 도쿄 | おじょうず(お上手) 잘하다 | べんきょう(勉強) 공부

ありがとうございます 고맙습니다 | じゅうねんぐらい(10年ぐらい) 10년 정도

どうして 어째서 | べんきょうしようと(勉強しようと) 공부하려고

メロディー 멜로디 | ほんとう(本当) 정말

はなしましょう(話ましょう) 이야기합시다

② 성과 이름을 구분해서 말하기

외국인의 이름은 일본인에게 생소할 수 있어요. 따라서 이름을 이야기할 때는 성과 이름의 첫 박자를 높게 발음해 성과 이름을 구분해서 말해 주세요. 여기에 더해, 성 다음에서 살짝 쉬고 이름을 말하면 듣는 사람이 더 쉽게 알아들을 수 있어요.

Tip 격식 있는 자리에서는 〔~申します〕를 써요.

🎧 듣고 따라 해 보세요 ▶ Track | 5-2-3

パク・ジンスです。パク・ジンスともうします(申します)。 박진수입니다.

イ・ミンジです。イ・ミンジともうします(申します)。 이민지입니다.

③ 년 + ぐらい 의 악센트

뒤에 ぐらい(くらい)가 붙으면 보통 앞 단어의 핵이 없어지고, ぐ(く)에 악센트의 핵이 있게 발음해요.

예 じゅうねん(10年) + ぐらい → じゅうねんぐらい(10年ぐらい)

🔊 듣고 따라 해 보세요　　　　　　　　　● Track | 5-2-4

いちねんぐらい(1年ぐらい) 1년 정도　さんねんぐらい(3年ぐらい) 3년 정도

✅ 년(年)의 악센트는 부록 24p를 확인해 주세요.

④ 日本語, 日本의 발음

におんご, におん처럼 되지 않도록 주의해 주세요.

🔊 듣고 따라 해 보세요　　　　　　　　　● Track | 5-2-5

もっと日本語が上手になりたいです。

조금 더 일본어를 잘하고 싶습니다.

日本に留学するのが夢です。

일본에 유학하는 게 꿈입니다.

日本のアニメを字幕なしで見られるようになりたいです。

일본 애니메이션을 자막 없이 볼 수 있게 되고 싶습니다

3. 날씨 이야기

| 준비하기 |

● Track | 5-3-1

섀도잉을 하기 전 먼저 음성을 듣고 "링고야 섀도잉 노트"에 스크립트를 받아쓰기해 보세요. 그러고 나서 앞서 배운 순서대로 섀도잉을 이어가 주세요.

✅ "링고야 섀도잉 노트"는 PDF로 제공됩니다.

📋 출근길에 동료끼리 가볍게 날씨에 대해 이야기하는 상황이에요.

鈴木 : おはようございます。いい天気ですね。

木村 : おはようございます。そうですね。

昨日まで曇りでしたけど、今日はすっかり晴れてますね。

鈴木 : はい。気温もちょうどよくて、過ごしやすいですね。

木村 : でも、天気予報だと、午後から大雨みたいですよ。

鈴木 : えっ、そうなんですか？傘持ってこなかったのに…。

木村 : 私、傘２つ持ってるので、よかったら貸しましょうか？

鈴木 : えっ、いいんですか？ありがとうございます！

木村 : いえいえ。これ使ってください。

스즈키 : 안녕하세요. 날씨 좋네요.

기무라 : 안녕하세요. 그러게요.

　　　　어제까지 흐렸는데, 오늘은 깨끗하게 개었네요.

스즈키 : 네. 기온도 딱 적당해서 지내기 좋네요.

기무라 : 그런데 일기예보에 의하면 오후부터 비 많이 온대요.

스즈키 : 엇, 정말요? 우산 안 가져왔는데…

기무라 : 저 우산 2개 가지고 있으니까 필요하면 빌려드릴까요?

스즈키 : 엇, 그래도 돼요? 고마워요!

기무라 : 아니에요. 이거 쓰세요.

① 장음

장음의 유무로 완전히 다른 의미가 될 수 있어요. 꼭 한 박을 지켜서 말하는 습관을 들여 보세요.

🎧 듣고 따라 해 보세요 ▶ Track | 5-3-2

おはよう ございます 안녕하세요(아침 인사) | いい 좋다 | きのう(昨日) 어제

きょう(今日) 오늘 | ちょうど 딱, 적당히 | てんきよほう(天気予報) 일기예보

おおあめ(大雨) 폭우 | そうなんですか 그렇습니까?

かしましょうか(貸しましょうか) 빌려드릴까요?

ありがとうございます 고맙습니다

✅ 天気予報는 てんきようほう로 よ가 길게 발음되기 쉬우니 주의해주세요.

② 晴れる의 악센트

はれる는 악센트에 따라 뜻이 달라져요. はれる는 晴れる 날씨가 개다, はれる(평판)는 腫れる 붓다 예요.

🎧 듣고 따라 해 보세요 ▶ Track | 5-3-3

晴れて気持ちのいい天気ですね。 날이 맑아서 기분 좋은 날씨네요.

壁にぶつかっておでこが腫れてしまった。 벽에 부딪혀서 이마가 부었다.

③ 持ってくる의 악센트

もつ(持つ)는 기복형의 동사로 て형은 もって로 발음해요. 하지만 持ってく
る라고 말할 때는 もって+くる가 아니라 '가지고 오다'라는 한 단어로 보고 も
ってくる로 발음해요.

🎙 듣고 따라 해 보세요   Track | 5-3-4

A : 財布持ってる？ 지갑 가지고 있어?

B : 忘すれた。おうちに帰って財布持ってくる。 깜빡했다. 집에 가서 가지고 올게.

4. 맛 표현하기

| 준비하기 |

섀도잉을 하기 전 먼저 음성을 듣고 "링고야 섀도잉 노트"에 스크립트를 받아쓰기해 보세요. 그러고 나서 앞서 배운 순서대로 섀도잉을 이어가 주세요.

✅ "링고야 섀도잉 노트"는 PDF로 제공됩니다.

친구와 함께 라멘집에서 라멘을 먹고 있는 상황이에요.

高橋（たかはし）： いただきます！わあ、このラーメン、すごくいい香（かお）り！

山本（やまもと）： 本当（ほんとう）だ！スープもすごく濃厚（のうこう）だね。

高橋（たかはし）： うん、麺（めん）もちょうどいい固（かた）さで、もちもちしてる。

山本（やまもと）： チャーシュー食（た）べた？ すごく柔（やわ）らかくてジューシーだよ！

高橋（たかはし）： （一口（ひとくち）食（た）べて）口（くち）の中（なか）でとろける～。

こんなにおいしいチャーシュー、初（はじ）めて！

山本（やまもと）： 私（わたし）も！味（あじ）も濃（こ）すぎなくてちょうどいいよね。

高橋（たかはし）： 今度（こんど）はお店（みせ）一押（いちお）しの激辛（げきから）ラーメンも食（た）べてみたいな。

山本（やまもと）： いいね！近（ちか）いうちにまた来（こ）よう。

다카하시 : 잘 먹겠습니다! 와, 이 라멘 진짜 향이 좋다!

야마모토 : 그러게! 국물도 엄청 진한데?

다카하시 : 응, 면도 딱 알맞은 단단함이고, 쫄깃쫄깃해.

야마모토 : 차슈 먹었어? 엄청 부드럽고 육즙이 가득해!

다카하시 : (한 입 먹고) 입 안에서 살살 녹는다~.

　　　　　이렇게 맛있는 차슈는 처음이야!

야마모토 : 나도! 간도 너무 세지 않고 딱 좋은 것 같아.

다카하시 : 다음에는 가게 추천 엄청 매운 라멘도 먹어보고 싶다.

야마모토 : 좋네! 조만간 또 오자.

| 발음 포인트 살펴보기 |

① 장음

장음의 유무로 완전히 다른 의미가 될 수 있어요. 꼭 한 박을 지켜서 말하는 습관을 들여 보세요.

🎧 듣고 따라 해 보세요   ● Track | 5-4-2

ラーメン 라멘 | いいかおり(いい香り) 좋은 냄새 | スープ 국물

のうこう(濃厚) 농후 | ちょうどいい 딱 좋다, 적당하다 | チャーシュー 차슈

ジューシー 즙이 많은 | おいしい 맛있다 | こよう(来よう) 오자

② -すぎる의 악센트

い형용사 뒤에 -すぎる가 붙으면 ぎ에 악센트의 핵이 와요.

예 こい(濃い) + すぎる = こすぎる(濃すぎる) 너무 진하다

　　こすぎない(濃すぎない) 너무 진하지 않다

　　こすぎなくて(濃すぎなくて) 너무 진하지 않아서

🎧 듣고 따라 해 보세요   ● Track | 5-4-3

このケーキ、甘(あま)すぎる。 이 케이크, 너무 달아.

このステーキ、おいしすぎる。 이 스테이크, 너무 맛있어.

③ 激辛의 발음

げきから의 き는 모음의 무성화가 일어나는 부분이에요. 명료한 [き]로 발음
하는 것보다 모음의 무성화를 지켜 발음하면 듣기에 더 자연스럽고 발음하기도
편해요.

듣고 따라 해 보세요

Track | 5-4-4

모음의 무성화 O	모음의 무성화 X
げきから(激辛) 엄청 매움	げきやす(激安) 엄청 쌈

준비하기

섀도잉을 하기 전 먼저 음성을 듣고 "링고야 섀도잉 노트"에 스크립트를 받아쓰기해 보세요. 그러고 나서 앞서 배운 순서대로 섀도잉을 이어가 주세요.

✔ "링고야 섀도잉 노트"는 PDF로 제공됩니다.

この前、岡山の倉敷に行ってきたよ。

ずっと憧れてた場所だったけど、

実際に行ってみたら想像以上に素敵で、

もっと好きになっちゃった。

レトロな街並みと川沿いの景色がすごくきれいで、

まるで昔にタイムスリップしたみたいだったよ。

途中で立ち寄ったカフェも、古民家を改装した落ち着いた空間で、

景色を眺めながらのんびり過ごせて本当によかった。

지난번에 오카야마의 쿠라시키에 갔다왔어.

전부터 동경하던 곳이었는데,

실제로 가보니 상상 이상으로 멋져서

더 좋아하게 됐어.

레트로한 거리 풍경과 강가의 경치가 아름다워서

마치 옛날로 타임슬립한 것 같았어.

중간에 들른 카페도 고민가(옛 일본 가옥)를 개조한 차분한 공간이었는데

경치를 바라보며 느긋하게 쉴 수 있어서 정말 좋았어.

| 발음 포인트 살펴보기 |

① 장음

장음의 유무로 완전히 다른 의미가 될 수 있어요. 꼭 한 박을 지켜서 말하는 습관을 들여 보세요.

듣고 따라 해 보세요   ● Track | 5-5-2

そうぞういじょう(想像以上) 상상 이상 ｜ きれいで 아름다워서

とちゅう(途中) 도중 ｜ かいそう(改装) 개조 ｜ くうかん(空間) 공간

ほんとうに(本当に) 정말

② 동음이의어의 악센트

以上는 いじょう로 발음해요. いじょう로 발음하면 異常(이상)가 돼요.

듣고 따라 해 보세요   ● Track | 5-5-3

3回以上見た映画なのに、また泣いちゃった。 3번 이상 본 영화인데 또 울어 버렸어.

最近の暑さ、異常じゃない？ 요즘 더위, 이상하지 않아?(비정상적이지 않아?)

③ ぞ의 발음

ぞ가 じょ가 되지 않도록 주의해주세요.

🎙 듣고 따라 해 보세요 ◐ Track | 5-5-4

想像をはるかに超える絶景に感動した。 상상을 훨씬 뛰어넘는 절경에 감동했다.

犬と一緒に川沿いを散歩した。 개와 같이 강을 따라 산책했다.

준비하기

Track | 5-6-1

섀도잉을 하기 전 먼저 음성을 듣고 "링고야 섀도잉 노트"에 스크립트를 받아쓰기해 보세요. 그러고 나서 앞서 배운 순서대로 섀도잉을 이어가 주세요.

✓ "링고야 섀도잉 노트"는 PDF로 제공됩니다.

以前は、スマホでユーチューブを見たり、ゲームをしたりして、

気づけば何時間も経っていたなんてことがよくありました。

疲れているときや、なんとなく暇なとき、何も考えず、

ついスマホを開いてしまっていました。

でも最近は、そんな時間の使い方を

少しずつ見直すようになりました。

スマホを見る代わりに本を読んだり、外の景色を眺めながら、

ぼーっとする時間を大事にしています。

スマホとはちょうどいい距離を保ちながら、

自分の時間をもっと大切にしていきたいです。

예전에는 스마트폰으로 유튜브를 보거나 게임을 하다 보면

어느새 몇 시간이 훌쩍 지나 있는 경우가 자주 있었어요.

피곤할 때나 그냥 심심할 때, 아무 생각 없이

무심코 스마트폰을 열어보곤 했어요.

하지만 요즘은 그러한 시간 활용을

조금씩 되돌아보게 되었어요.

스마트폰을 보는 대신, 책을 읽거나 밖의 풍경을 바라보며

멍하니 있는 시간을 소중히 하고 있어요.

스마트폰과 적당한 거리를 유지하면서

제 시간을 더 잘 지켜가고 싶어요.

| 발음 포인트 살펴보기 |

① 장음

장음의 유무로 완전히 다른 의미가 될 수 있어요. 꼭 한 박을 지켜서 말하는 습관을 들여 보세요.

듣고 따라 해 보세요 ● Track | 5-6-2

ユーチューブ 유튜브 | ゲーム 게임

みなおすように(見直すように) 다시 한번 살펴보게 | ぼーっとする 멍때리다

ちょうどいい 딱 좋다, 적당하다

② ときの 악센트

とき(時)는 미고형으로 [저고]로 발음해요. 단, 일상 회화에서 '~할(한) 때'는 [고저]로 발음하는 경우가 많아요.

듣고 따라 해 보세요 ● Track | 5-6-3

時は金なり 시간이 금이다.

困ったときはいつでも相談してね。 무슨 일 있을 때는 언제든지 이야기해.

今度会うとき持っていくね。 다음에 만날 때 가져갈게.

③ -ながら의 악센트

동사에 -ながら가 붙으면 な에 악센트의 핵이 와요.

예 ながめる(眺める) + -ながら = ながめながら(眺めながら) 바라보면서

たもつ(保つ) + -ながら = たもちながら(保ちながら) 유지하면서

단, 평판형의 동사는 평판형으로도 발음할 수 있어요.

예 なやる + -ながら = やりながら or やりながら 하면서

🎧 듣고 따라 해 보세요 ▶ Track | 5-6-4

ご飯を食べながら好きな動画を見る。 밥을 먹으면서 좋아하는 영상을 보다.

音楽を聴きながら勉強する。 음악을 들으면서 공부하다.

7. 뉴스로 연습하기 (1)

| 준비하기 |

이 장에서는 뉴스 스크립트를 활용해 섀도잉 연습을 해 봐요. 섀도잉을 하기 전 먼저 음성을 듣고 "링고야 섀도잉 노트"에 스크립트를 받아쓰기해 보세요. 그러고 나서 앞서 배운 순서대로 섀도잉을 이어가 주세요.

✅ **"링고야 섀도잉 노트"는 PDF로 제공됩니다.**

とうきょう　に ほんばしゆうびんきょく
東京の日本橋郵便局では、

ねん が じょう　し わ　　さ ぎょう　あさはや　　　おこな
年賀状の仕分け作業が朝早くから行われました。

도쿄 니혼바시 우체국에서는 연하장 분류 작업이 아침 일찍부터 진행되었습니다.

① 장음

🔊 듣고 따라 해 보세요 ① ● Track | 5-7-2

とう<u>きょう</u>(東京) 도쿄 | ゆ<u>う</u>びんきょく(郵便局) 우체국

ねんがじょ<u>う</u>(年賀状) 연하장 | さぎょ<u>う</u>(作業) 작업

　東京の日本橋郵便局では는 장음이 들어가는 단어가 이어 나오고 구가 길기 때문에 장음이 짧아지기 쉬워요.

주의 とう<u>きょう</u>のにほんばしゆ<u>う</u>びんきょく

🔊 듣고 따라 해 보세요 ② ● Track | 5-7-3

東京の観光地では 도쿄의 관광지에서는

年賀状を出しに郵便局に行きます。 연하장을 부치러 우체국에 갑니다.

単純な作業だけど、集中力が要る。 단순한 작업이지만 집중력이 필요하다.

② 日本橋의 발음

日本橋는 한국어로는 니혼바시라고 표기하죠. 이 표기가 익숙한 나머지 일본
어로 말할 때도 '혼'이라고 'ㄴ' 받침처럼 말하기 쉬워요. ん 다음에 ば가 왔으니
ば를 발음할 때와 마찬가지로 양 입술을 다문 소리로 발음해요.

🎙 듣고 따라 해 보세요　　　　　　　　　　　　　○ Track | 5-7-4

にほん<u>ば</u>し（日本橋）니혼바시 ｜ しん<u>ば</u>し（新橋）신바시 ｜ なん<u>ば</u>（難波）난바

③ 日本橋郵便局의 악센트

　ゆうびんきょく로, きょ에 악센트의 핵이 있는 것처럼 발음하기 쉬워요.
ゆうびんきょく로 발음해 주세요. 복합 명사의 악센트 파트에서 배웠듯이, 뒤
에 오는 단어 ゆうびんきょく가 5박 이상의 단어이기에 악센트의 핵이 그대
로 유지 되어 にほんばしゆうびんきょく로 발음해요.

🎙 듣고 따라 해 보세요　　　　　　　　　　　　　○ Track | 5-7-5

日本橋　　　　　郵便局　　　　　　　日本橋郵便局

7. 뉴스로 연습하기 (2)

| 준비하기 |

이 장에서는 뉴스 스크립트를 활용해 섀도잉 연습을 해 봐요. 섀도잉을 하기 전 먼저 음성을 듣고 "링고야 섀도잉 노트"에 스크립트를 받아쓰기해 보세요. 그러고 나서 앞서 배운 순서대로 섀도잉을 이어가 주세요.

✅ **"링고야 섀도잉 노트"는 PDF로 제공됩니다.**

わたなべ し ちょう
渡辺市長は、

おおさかし し　　あたら　　はじ　　なつ　　かんこう　　　　　　　　　　　　　はっぴょう
大阪市で新しく始まる夏の観光キャンペーンを発表しました。

와타나베 시장은 오사카시에서 새롭게 시작하는 여름 관광 캠페인을 발표했습니다.

① 장음

🔊 듣고 따라 해 보세요

▶ Track | 5-7-7

しちょう(市長) 시장 | おおさかし(大阪市) 오사카시 | かんこう(観光) 관광

キャンペーン 캠페인 | はっぴょう(発表) 발표

② 성씨의 악센트

일본에서 가장 많은 성씨 1위부터 10위까지를 연습해 봐요.

🔊 듣고 따라 해 보세요

▶ Track | 5-7-8

1위	さとう(佐藤) 사토	6위	わたなべ(渡辺) 와타나베
2위	すずき(鈴木) 스즈키	7위	やまもと(山本) 야마모토
3위	たかはし(高橋) 다카하시	8위	なかむら(中村) 나카무라
4위	たなか(田中) 다나카	9위	こばやし(小林) 고바야시
5위	いとう(伊藤) 이토	10위	かとう(加藤) 가토

✅ 이외에도 궁금한 성씨가 있다면 아래 사이트에서 히라가나로 검색해 보세요.
https://myoji.scave.net/

③ 夏の의 악센트

　夏는 미고형으로 뒤에 오는 조사는 음이 낮아져요. 하지만 미고형 뒤에 の가

붙어 '~의'라는 뜻으로 쓰일 때는 보통 음이 낮아지지 않고 마치 평판형처럼 발

음해요.

🔊 듣고 따라 해 보세요　　　　　　　　　　　　　▶ Track | 5-7-9

夏に海に行きたいです。　여름에 바다에 가고 싶습니다.

夏の海は最高ですね。　여름 바다는 최고죠.

7. 뉴스로 연습하기 (3)

| 준비하기 |

● Track | 5-7-10

이 장에서는 뉴스 스크립트를 활용해 섀도잉 연습을 해 봐요. 섀도잉을 하기 전 먼저 음성을 듣고 "링고야 섀도잉 노트"에 스크립트를 받아쓰기해 보세요. 그러고 나서 앞서 배운 순서대로 섀도잉을 이어가 주세요.

✔ "링고야 섀도잉 노트"는 PDF로 제공됩니다.

インフルエンザの感染拡大の影響で、

北海道ではワクチンの在庫が不足しているということです。

독감 감염 확대의 영향으로, 홋카이도에서는 백신 재고가 부족하다고 합니다.

① 장음

🔊 듣고 따라 해 보세요   ▶ Track | 5-7-11

えいきょう(影響) 영향 │ ほっかいどう(北海道) 홋카이도 │ *という 라고 하는

✅ とゆーら고 발음해요.

② インフルエンザ의 발음

　한국어 발음 [인플루엔자]처럼 フ를 プ, ザ를 じゃ로 발음하지 않도록 주의

하세요.

🔊 듣고 따라 해 보세요   ▶ Track | 5-7-12

最近、インフルエンザ流行ってますね。　요즘 독감 유행하네요.

インフルエンザで学校を休んだ。　독감에 걸려서 학교를 쉬었다.

③ -ということです

　앞의 단어와 이어서 부드럽게 발음해 주세요.

🔊 듣고 따라 해 보세요   ▶ Track | 5-7-13

天気予報によると、夕方から雨が降るということです。
일기예보에 따르면 저녁부터 비가 온다고 합니다.

最近、すぐ疲れちゃうんです。まあ、歳を取ったということですね。
요즘 금방 지쳐요. 뭐, 나이가 들었다는 거겠죠.

7. 뉴스로 연습하기 (4)

| 준비하기 |

● Track | 5-7-14

이 장에서는 뉴스 스크립트를 활용해 섀도잉 연습을 해 봐요. 섀도잉을 하기 전 먼저 음성을 듣고 "링고야 섀도잉 노트"에 스크립트를 받아쓰기해 보세요. 그러고 나서 앞서 배운 순서대로 섀도잉을 이어가 주세요.

✅ "링고야 섀도잉 노트"는 PDF로 제공됩니다.

花見の名所として知られている東京・井の頭公園では、

花見とともに全国のご当地料理が楽しめるイベントが開かれていて、

大勢の人でにぎわっています。

꽃놀이 명소로 알려진 도쿄 이노가시라 공원에서는 꽃놀이와 함께 전국 지역 음식도 즐길 수 있는 이벤트가 열려 많은 사람들로 붐비고 있습니다.

┃발음 포인트 살펴보기┃

① 장음

🎧 듣고 따라 해 보세요

▶ Track | 5-7-15

めいしょ（名所）명소 ｜ とうきょう（東京）도쿄

いのかしらこうえん（井の頭公園）이노가시라 공원

ごとうちりょうり（ご当地料理）지역 음식 ｜ おおぜい（大勢）많은 사람

✅ 특히 장음으로 끝나는 とうきょう와 おおぜい가 짧게 발음되기 쉬우니 주의해 주세요.

② 大勢, 全国의 발음

ぜ가 じぇ 가 되지 않도록 주의해 주세요.

🎧 듣고 따라 해 보세요

▶ Track | 5-7-16

ぜいきん（税金）세금 ｜ ぜいたく（贅沢）사치 ｜ めんぜい（免税）면세

全国から大勢の観光客が訪れました。 전국에서 많은 관광객이 방문했습니다.

③ 끊어 읽는 타이밍

마치 두 문장 같은 한 문장을 쉬지 않고 쭉 읽으면, 말할 때 숨이 차는 것뿐만 아니라 듣는 사람도 무슨 말인지 알아듣기 어려워요. 한 문장이 길 때는, 특히 '끊어 읽는 타이밍'이 중요해요. 아래처럼 끊어 읽어주면, 말하는 사람도 듣는 사람도 자연스럽고 편안하게 느낄 거예요. [/] 뒤에서는 살짝 쉬고, [//] 뒤에서는 좀 더 확실히 쉬며 읽어 보세요.

🎧 듣고 따라 해 보세요　　　　　　　　● Track | 5-7-17

花見の名所として知られる / 東京・井の頭公園では、//

花見とともに / 全国のご当地料理が楽しめるイベントが開かれていて、//

大勢の人でにぎわっています。

| 준비하기 |

이 장에서는 뉴스 스크립트를 활용해 섀도잉 연습을 해 봐요. 섀도잉을 하기 전 먼저 음성을 듣고 "링고야 섀도잉 노트"에 스크립트를 받아쓰기해 보세요. 그러고 나서 앞서 배운 순서대로 섀도잉을 이어가 주세요.

✔ "링고야 섀도잉 노트"는 PDF로 제공됩니다.

はたら かたかいかく いっかん
働き方改革の一環として、

どうにゅう すす き ぎょう ふ
テレワークの導入を進める企業が増えていて、

つうきん じ かん さくげん せいさんせいこうじょう き たい
通勤時間の削減や生産性向上につながると期待されています。

일하는 방식 개혁의 일환으로 재택근무를 도입하는 기업이 늘고 있으며, 통근 시간 단축과 생산성 향상으로 이어질 것으로 기대되고 있습니다.

| 발음 포인트 살펴보기 |

① 장음

🔊 듣고 따라 해 보세요　　　　　　　　　　　　　　　　○ Track | 5-7-19

テレワ━ク 재택근무 │ ど<u>う</u>にゅ<u>う</u>(導入) 도입 │ ど<u>う</u>にゅ<u>う</u>を(導入を) 도입을

き<u>ぎょう</u>(企業) 기업 │ つ<u>う</u>きんじかん(通勤時間) 통근 시간

せ<u>い</u>さんせ<u>い</u>こ<u>う</u>じょ<u>う</u>(生産性向上) 생산성 향상

　導入を처럼 う 장음 뒤에 를가 연달아 나오면 장음이 짧아지기 쉬워요. ど/う/にゅ/う/를 다섯 박으로 발음해 주세요. 헷갈린다면 한 박 한 박마다 손가락을 접으면서 말하면 좀더 쉽게 감각을 익힐 수 있어요.

② 모음의 무성화

　모음의 무성화를 지켜 발음하면 듣기에 더 자연스럽고 발음하기도 편해요.

🔊 듣고 따라 해 보세요　　　　　　　　　　　　　　　　○ Track | 5-7-20

はたら<u>き</u>かた(働き方) 일하는 방식 │ <u>き</u>たい(期待) 기대

③ 끊어 읽는 타이밍

[/] 뒤에서는 살짝 쉬고, [//] 뒤에서는 좀 더 확실히 쉬며 읽어 보세요.

🎙 듣고 따라 해 보세요 ▶ Track | 5-7-21

働き方改革の一環として、//

テレワークの導入を進める企業が増えていて、//

通勤時間の削減や / 生産性向上につながると期待されています。

✛ 日本과 日本の는 다르게 발음해요! ✛

🎧 들어 보세요　　　　　　　　　　　　　　　◎ Track | 5-7-22

日本 日本は 日本の

昨日　昨日は　昨日の

　にほん(日本)은 ほ에 악센트의 핵이 있는 단어예요. 그래서 にほんは(日本は)라고 말하죠. 하지만 뒤에 の가 붙어서 にほんの(日本の)라고 말할 때는, 평판형으로 바뀌어요. 마찬가지로, きのう(昨日)도 の에 악센트의 핵이 있는 단어라 きのうは(昨日は)라고 말하지만, きのうの(昨日の)라고 말할 때는, 평판형으로 바뀌어요.

　🔶 昨日、渋谷に行きました。 **처럼 부사로 쓰일 때도 평판형으로 말해요.**

🎙 듣고 따라 해 보세요 ①　　　　　　　　　　◎ Track | 5-7-23

日本に友達に会いに行きます。　　にほん　　일본에 친구를 만나러 갑니다.

毎日日本のドラマを見ています。　にほんの　매일 일본 드라마를 보고 있습니다.

昨日から大雨が続いています。　　きのう　　어제부터 폭우가 계속되고 있습니다.

昨日の晩ご飯はカレーでした。　　きのうの　어제 저녁밥은 카레였습니다.

　그리고 미고형 명사에 の가 붙는 경우는 보통 の에서 음이 내려가지 않고 그대로 높은 음이 유지돼요. 작은 차이지만, 익혀두면 발음이 한결 매끄러워질 거예요.

明日　あした

明日から 3 連休で旅行に行きます。　　あしたから

내일부터 3일 연휴라 여행 갑니다.

明日の朝の飛行機で韓国に帰ります。　　あしたの

내일 아침 비행기로 한국에 돌아갑니다.

雪　ゆき

今年は雪が多かった。　　ゆきが

올해는 눈이 많이 왔다.

一番好きな日本の歌は「雪の華」です。　　ゆきの

제일 좋아하는 일본 노래는 '눈의 꽃'입니다.

休み　やすみ

休みを取って一日のんびりしました。　　やすみを

휴가를 받아서 하루 종일 푹 쉬었습니다.

休みの日は時間が経つのが早いです。　　やすみの

쉬는 날에는 시간이 빨리 갑니다.

정답 및 해석

🍎 정답 🍎

Chapter 1

1. 일본어 박자 기본 개념

👂 연습해 보세요 23p

1 ねぎ (2박)

2 もやし (3박)

3 だいこん (4박)

4 キャベツ (3박)

5 にんじん (4박)

6 カボチャ (3박)

7 とうもろこし (6박)

8 はくさい (4박)

9 ほうれんそう (6박)

10 ブロッコリー (6박)

11 カリフラワー (6박)

Chapter 2

1. 모음(あいうえお)

👂 들어 보세요 36p

1 ⓐ

2. つ

👂 들어 보세요 39p

1 ⓐ

2 ⓒ

4. ざ, ぜ, ぞ

👂 들어 보세요 47p

1 ⓑ

2 ⓐ

5. は행

👂 들어 보세요 49p

1 ⓐ

2 ⓑ

Chapter 3

2. 일본어 악센트 기본 개념

👂 연습해 보세요 ① 82p

1 ③ 중고형 (ほ에 핵)

2 ② 두고형 (は에 핵)

3 ② 평판형 (핵 없음)

4 ③ 미고형 (ら에 핵)

3. 악센트 캐치, 표현 감각 기르기

👂 연습해 보세요 85p

1 かんこくが(韓国が)( )
アメリカが (X)

2 おんがくが(音楽が)( )
がっこうが(学校が) (X)

3 はなが（鼻が）（X）

　はな⌐が（花が）（　）

4 こしが（腰が）（X）

　あし⌐が（足が）（　）

5 かんじょうが（感情が）（X）

　ひょうじょう⌐が（表情が）（　）

6 しんぶんが（新聞が）（X）

　げんき⌐んが（現金が）（　）

4. 동사의 악센트 기본 패턴

🎧 들어 보세요　91p

1 きく（聞く）

　きいて

　きいた

　きかない

　きき⌐ます

2 か⌐く（書く）

　か⌐いて

　か⌐いた

　か⌐かない

　かきます

💬 연습해 보세요 ①　100p

평판형（②, ③, ⑤, ⑦）

기복형（①, ④, ⑥, ⑧）

5. い형용사의 악센트 기본 패턴

🎧 들어 보세요　104p

1 たか⌐い（高い）　たか⌐いバッグ

2 おもい（重い）　おもいバッグ

💬 연습해 보세요 ①　111p

평판형（①, ③, ⑥, ⑦）

기복형（②, ④, ⑤, ⑧）

6. 복합명사의 악센트 기본 패턴

🎧 들어 보세요 113p

1 な￢りた（成田）

2 くうこう（空港）

3 なりたく￢うこう（成田空港）

🗣 연습해 보세요 ① 118p

1 か￢いがい（海外）＋りょこう（旅行）
  ＝かいがいりょ￢こう（海外旅行）

2 しんじゅく（新宿）＋え￢き（駅）
  ＝しんじゅく￢えき（新宿駅）

3 み￢そ（味噌）＋ラーメン
  ＝みそラ￢ーメン（味噌ラーメン）

4 とりつ（都立）＋びじゅ￢つかん（美術館）
  ＝とりつびじゅ￢つかん（都立美術館）

5 がいこく￢じん（外国人）＋かんこ￢うきゃく（観光客）
  ＝がいこくじんかんこ￢うきゃく（外国人観光客）

해석

Chapter 1

1. 일본어 박자 기본 개념

🎧 들어 보세요 22p

여 : 이 맥주 높네요.

남 : 응? 맥주? 갑자기 왜 그래?

Chapter 3

2. 일본어 악센트 기본 개념

🎧 들어 보세요 77p

남 : 못 먹는 음식 있어?

여 : 감은 잘 못 먹어.

남 : 오늘 점심, 굴 음식점 예약했어!

여 : 어, 못 먹는다고 말했는데…

🌊☀ 쉬어 가요 ··· 83p

여1 : 벚꽃 만개했네!

여2 : 정말, 벚꽃 예쁘다.

Chapter 4

2. 감정, 의도를 나타내는 인토네이션

🎧 듣고 따라 해 보세요 129p

1

여 : 이 케이크, 별로 달지 않아요.

남 : 그래요? 그럼, 이걸로 할게요.

2

여 : 내일 프레젠테이션, 15시로 정해졌어요.

남 : 그렇군요. 그럼, 자료를 일찍 마무리해야
　　 겠네요.

3

여 : 내일 축제, 태풍 때문에 중지되었대요.

남 : 그래요? 기대하고 있었는데.

4

남 : 진짜예요. 안 사귀어요.

여 : 그래요? 뭔가 수상한데…

5

남 : 아이가 대학에 합격했어요!

여 : 그래요? 축하드려요!

📢 듣고 따라 해 보세요 131p

1

남 : 오늘 춥네요.

여 : 그렇네요. 바람도 세고요.

2

남 : 내일 회식 가요?

여 : 글쎄요. 아직 고민하고 있어요.

📢 듣고 따라 해 보세요 132p

1

여 : 오랜만에 하루카 보고 싶다~

남 : 어, 얘기 못 들었어요? 지난달에 미국으로 전근갔어요.

2

여1 : 사토 씨, 니노미야 씨랑 정말 아무 사이도 아니에요?

여2 : 진짜 아무 사이도 아니에요. 애초에 제 스타일도 아니고요.

📢 듣고 따라 해 보세요 134p

여1 : 어라? 저 사람, 야마다 씨 아니야?

여2 : 에이, 아니야. 야마다 씨 아니야.

남 : 안녕!

여2 : 야마다 씨! 안녕하세요!

여1 : 거봐, 야마다 씨 맞잖아.

3. 강조하기

📢 듣고 따라 해 보세요 138p

1

여 : 이시다 씨는 다음 달에 대만에 워킹홀리데이를 간다고 해요.

남 : 어? 다음 달?

2

여 : 이시다 씨는 다음 달에 대만에 워킹홀리데이를 간다고 해요.

남 : 어? 대만에?

3

여 : 이시다 씨는 다음 달에 대만에 워킹홀리데이를 간다고 해요.

남 : 어? 워킹홀리데이?

MEMO

MEMO

MEMO

일본어 발음

악센트 가이드

핸드북

동양북스

한 끗 차이

일본어 발음

악센트 가이드
핸드북

동양북스

🍎 동사 악센트

- ▶ 자주 쓰는 동사

- ▶ 동사 활용형

- ▶ 동사 뒤에 조사 등이 붙는 대표적인 예

🍎 い형용사 악센트

- ▶ 자주 쓰는 い형용사

- ▶ い형용사 활용형

- ▶ い형용사 뒤에 조사 등이 붙는 대표적인 예

🍎 숫자/조수사 악센트

- ▶ 숫자

- ▶ 날짜

- ▶ 기간

- ▶ 시간

- ▶ 개수

- ▶ 횟수

- ▶ 층수

🍎 동음이의어 악센트

- ▶ 대표적인 동음이의어 30쌍

※ 악센트 정보는 《NHK日本語発音アクセント新辞典(NHK 일본어 발음 악센트 신사전)》을
참고하여 학습 목적에 맞게 재구성하였습니다.

동사 악센트

평판형	기복형 ~♂○
いう (言う) 말하다	あう (合う/会う) 맞다/만나다
かう (買う) 사다	おもう (思う) 생각하다
おこなう (行う) 행하다	かく (書く) 쓰다
うたう (歌う) 노래하다	あるく (歩く) 걷다
わらう (笑う) 웃다	およぐ (泳ぐ) 헤엄치다, 수영하다
ちがう (違う) 다르다	ためす (試す) 시험하다
ひろう (拾う) 줍다	はなす (話す) 이야기하다
つかう (使う) 사용하다	うつ (打つ) 치다
いく (行く) 가다	もつ (持つ) 들다
はたらく (働く) 일하다	まつ (待つ) 기다리다
しぬ (死ぬ) 죽다	たつ (立つ/経つ) 서다/경과하다
よぶ (呼ぶ) 부르다	かつ (勝つ) 이기다
とぶ (飛ぶ) 날다	たもつ (保つ) 유지하다

평판형	기복형 ~◌̊◌
あそぶ(遊ぶ) 놀다	そだつ(育つ) 자라다
する 하다	よむ(読む) 읽다
しる(知る) 알다	のむ(飲む) 마시다
おどる(踊る) 춤추다	やすむ(休む) 쉬다
おくる(送る) 보내다	たのむ(頼む) 부탁하다
きる(着る) 입다	つつむ(包む) 싸다
ねる(寝る) 자다	のこる(残る) 남다
おしえる(教える) 가르치다	わかる(分かる) 알다
わすれる(忘れる) 잊다	はしる(走る) 달리다
きえる(消える) 꺼지다 けす(消す) 끄다	きる(切る) 자르다
あく(開く) 열리다 あける(開ける) 열다	たべる(食べる) 먹다
つづく(続く) 계속되다 つづける(続ける) 계속하다	つかれる(疲れる) 지치다
ならぶ(並ぶ) 늘어서다 ならべる(並べる) 늘어놓다	しらべる(調べる) 조사하다

평판형	기복형 ~◯◯
かわる（変わる）변하다 かえる（変える）바꾸다	くる（来る）오다
おわる（終わる）끝나다 おえる（終える）끝내다	*かえる（帰る）돌아가다, 돌아오다
とまる（止まる）멈추다, 서다 とめる（止める）멈추다, 세우다	*はいる（入る）들어가다, 들어오다
みつかる（見つかる）발견되다 みつける（見つける）발견하다	みえる（見える）보이다 みる（見る）보다
かさなる（重なる）겹치다, 거듭되다 かさねる（重ねる）겹치다, 거듭하다	*とおる（通る）통하다 *とおす（通す）통하게 하다
はじまる（始まる）시작되다 はじめる（始める）시작하다	たつ（立つ）서다 たてる（立てる）세우다
ゆれる（揺れる）흔들리다 ゆらす（揺らす）흔들다	おきる（起きる）일어나다 おこす（起こす）일으키다
よごれる（汚れる）더러워지다 よごす（汚す）더럽히다	あつまる（集まる）모이다 あつめる（集める）모으다
やける（焼ける）타다 やく（焼く）태우다	さがる（下がる）내려가다 さげる（下げる）내리다

★ かえる（帰る）, はいる（入る）, とおる（通る）, とおす（通す）는 예외로 맨 앞 글자에 핵이 있어요.

• 의미상 연결되는 자/타동사는 동일한 악센트를 가져요.

	평판형 きく（聞く）	기복형 か￤く（書く）
ない형		
−ない	きかない	かが￤ない
−なかった	きかな￤かった	かが￤なかった
−なくて（も）	きかな￤くて（も）	かが￤なくて（も）
−ないで	きかな￤いで	かが￤ないで
−なければ	きかな￤ければ	かが￤なければ
て형		
−て	きいて	が￤いて
−ている （=−てる）	きいている （=きいてる）	が￤いている （=かいてる）
−ていた （=−てた）	きいていた （=きいて￤た）	が￤いていた （=が￤いてた）
−ても	きいて￤も	が￤いても
−てから	きいて￤から	が￤いてから
た형 −た	きいた	が￤いた

た형	-たら	きいたら	がいたら
	-たり	きいたり	がいたり
ば형	-ば	きけば	がけば
ます형	-ます	ききます	かきます
	-ました	ききました	かきました
	-ません	ききません	かきません
	-ませんでした	ききませんでした	かきませんでした
	-ましょう	ききましょう	かきましょう
	-たい	ききたい ききたい	かきたい
	-ながら	ききながら ききながら	かきながら
*의지/ 권유형 (う형)	-う	きこう	かごう
	-とする	きこうとする きこうとする	かごうとする
	-と思う	きこうとおもう	かごうとおもう

*가능형	きける	かけ˥る
수동형/ 권유형	きかれる	かかれ˥る
사역형	きかせる	かかせ˥る
사역 수동형	きかせられる きかされる	かかせられ˥る かかされ˥る
*명령형	きけ	か˥け

★ わすれよ˥う(忘れよう), たべよ˥う(食べよう)와 같이 よう로 끝나는 경우는 よ에 핵이 있어요.

★ する의 가능형은 でき˥る로 발음해요.

★ 평판형 동사는 평판형 그대로, 기복형 동사는 그 동사의 악센트의 핵 위치가 그대로 유지돼요. 단, する의 명령형은 しろ, せ˥よ로 발음해요.

⋯▶ 동사 뒤에 조사 등이 붙는 대표적인 예

	평판형 きく(聞く)	기복형 か￢く(書く)
−と	きく￢と	か￢くと
−かも (/−から)	きく￢かも	か￢くかも
−のだ (/ −んだ/ −ので/ −のに)	きく￢のだ	か￢くのだ
−らしい	きくらし￢い	*か￢く・らし￢い
−ようだ	きくよ￢うだ	*か￢く・よ￢うだ
−みたいだ	きくみ￢たいだ	*か￢く・み￢たいだ
−すぎる	ききすぎ￢る	かきすぎ￢る

★ らしい, ようだ, みたいだ는 각각 악센트의 핵이 있지만, 본문 109p의 たかくない처럼
　뒤 요소의 음의 높낮이를 크게 주지 않고 한 덩어리로 부드럽게 이어서 발음해 주세요.

い형용사 악센트

평판형	기복형 ~◌い
*あまい(甘い) 달다	からい(辛い) 맵다
まるい(丸い) 둥글다	しょっぱい 짜다
あかい(赤い) 빨갛다	にがい(苦い) 쓰다
きいろい(黄色い) 노랗다	すっぱい(酸っぱい) 시다
おもい(重い) 무겁다	あおい(青い) 파랗다
かるい(軽い) 가볍다	くろい(黒い) 검다
かたい(固い) 단단하다	しろい(白い) 희다
*あさい(浅い) 얕다	やわらかい(柔らかい) 부드럽다
とおい(遠い) 멀다	ふかい(深い) 깊다
あつい(厚い) 두껍다	ちかい(近い) 가깝다
うすい(薄い) 얇다	たかい(高い) 높다, 비싸다
*むずかしい(難しい) 어렵다	やすい(安い) 싸다
*やさしい(優しい/易しい) 상냥하다/쉽다	きびしい(厳しい) 엄하다

평판형	기복형 ~ﾃい
*おいしい 맛있다	まずい 맛이 없다
	つよい (強い) 강하다
	よわい (弱い) 약하다
	こわい (怖い) 무섭다
	ながい (長い) 길다
	みじかい (短い) 짧다
	おもしろい (面白い) 재미있다
	たのしい (楽しい) 즐겁다
	あつい (暑い) 덥다
	さむい (寒い) 춥다
	あたたかい (暖かい) 따뜻하다
	いい 좋다
	わるい (悪い) 나쁘다
	こい (濃い) 진하다

평판형	기복형 ~◌い
	ない 없다

★ 표시가 된 단어는 본문 106페이지에 설명해 드린 것처럼 평판형의 い형용사이지만, 제 2악센트로 기복형도 가능해요.

‥▶ い形容詞 活用形

	평판형 おもい(重い)	기복형 たかい(高い)
명사를 수식할 때	おもい	たかい
–です	おもいです	たかいです
–くて	おもくて	たかくて たかくて
–かった	おもかった	たかかった たかかった
–かったら	おもかったら	たかかったら たかかったら
–ければ	おもければ	たかければ たかければ
–く	おもく	たかく たかく
–くない	おもくない	★たかく・ない ★たかく・ない
–くなかった	おもくなかった	★たかく・なかった ★たかく・なかった

−くなくて(も)	おもくな￢くて(も)	*たか￢く・な￢くて(も) *た￢かく・な￢くて(も)
−くなければ	おもくな￢ければ	*たか￢く・な￢ければ *た￢かく・な￢ければ
−くなる	おもくな￢る	*たか￢く・な￢る *た￢かく・な￢る

★ 본문 109p에서 설명드린 것처럼 な에서 음을 다시 확 올리지 않고, 한 덩어리로 부드럽게 이어서 발음해 주세요.

 # い형용사 뒤에 조사 등이 붙는 대표적인 예

	평판형 おもい(重い)	기복형 たかい(高い)
−と	おもいと	たかいと
−かも (/−から)	おもいかも	たかいかも
−のだ (/ −んだ/ −ので/ −のに)	おもいのだ	たかいのだ
−らしい	おもいらしい	*たかい・らしい
−ようだ	おもいようだ	*たかい・ようだ
−みたいだ	おもいみたいだ	*たかい・みたいだ
−すぎる	おもすぎる	たかすぎる

★ らしい, ようだ, みたいだ는 각각 악센트의 핵이 있지만, 본문 109p의 たかくない처럼 뒤 요소의 음의 높낮이를 크게 주지 않고 한 덩어리로 부드럽게 이어서 발음해 주세요.

숫자/조수사 악센트

0	れい / ゼロ		1	いち
2	に		3	さん
4	よん / し		5	ご
6	ろく		7	なな / しち
8	はち		9	きゅう / く
10	じゅう / とお		11	じゅういち
12	じゅうに		13	じゅうさん
14	じゅうよん / じゅうし		15	じゅうご
16	じゅうろく		17	じゅうなな / じゅうしち
18	じゅうはち		19	じゅうきゅう
20	にじゅう		30	さんじゅう

40	よ゚んじゅう	50	ごじゅ゚う
60	ろくじゅ゚う	70	な゚なじゅう
80	はちじゅ゚う	90	きゅ゚うじゅう
100	ひゃく゚	1000	ぜ゚ん
10000	いちま゚ん		

- 20 이후의 숫자는 20+1, 20+2 이런 식으로 발음
  ex. 21 : に゚じゅう・いち゚

  단, 50, 60, 80의 경우는 십 단위는 평판형으로 바뀜
  ex. 51 : ごじゅ゚う・いち゚ (X) ごじゅう・いち゚ (O)

월(月)	
1 いちがつ	2 にがつ
3 さんがつ	4 しがつ
5 ごがつ	6 ろくがつ
7 しちがつ	8 はちがつ
9 くがつ	10 じゅうがつ
11 じゅういちがつ	12 じゅうにがつ
何	なんがつ

- 미고형의 단어는 부사로 쓰일 시 평판형으로 발음

일(日)	
1 ついたち	2 ふつか
3 みっか	4 よっか
5 いつか	6 むいか

7	なのか	8	ようか
9	ここのか	10	とおか
11	じゅういちにち	12	じゅうににち
13	じゅうさんにち	14	じゅう・よっか
15	じゅうごにち	16	じゅうろくにち
17	じゅうしちにち	18	じゅうはちにち
19	じゅうくにち	20	はつか
21	にじゅう・いちにち	22	にじゅう・ににち
23	にじゅう・さんにち	24	にじゅう・よっか
25	にじゅう・ごにち	26	にじゅう・ろくにち
27	にじゅう・しちにち	28	にじゅう・はちにち
29	にじゅう・くにち	30	さんじゅうにち
31	さんじゅう・いちにち		
何	なんにち		

년(年)			
1	いちねん	2	にねん
3	さんねん	4	よねん
5	ごねん	6	ろくねん
7	しちねん ななねん	8	はちねん
9	くねん きゅうねん	10	じゅうねん
11	じゅういちねん	12	じゅうにねん
13	じゅうさんねん	14	じゅう・よねん
15	じゅう・ごねん	16	じゅうろくねん
17	じゅうしちねん じゅうななねん	18	じゅうはちねん
19	じゅうきゅうねん じゅう・くねん	20	にじゅうねん
30	さんじゅうねん	40	よんじゅうねん

50	ごじゅうねん	60	ろくじゅうねん
70	ななじゅうねん	80	はちじゅうねん
90	きゅうじゅうねん	100	ひゃくねん
1000	せんねん	10000	いちまんねん
何		なんねん	

개월(か月)

1	いっかげつ	2	にかげつ
3	さんかげつ	4	よんかげつ
5	ごかげつ	6	ろっかげつ
7	ななかげつ	8	はちかげつ はっかげつ
9	きゅうかげつ	10	じゅっかげつ
11	じゅういっかげつ	12	じゅうにかげつ
13	じゅうさんかげつ	14	じゅうよんかげつ

15	じゅうごか￣げつ	16	じゅうろっか￣げつ
17	じゅうなな か￣げつ	18	じゅうはち か￣げつ じゅうはっか￣げつ
19	じゅうきゅう か￣げつ	20	にじゅっか￣げつ
何		なんか￣げつ	

- 10 단위의 경우 10이 じっ, じゅっ 두 가지로 발음되는데 일상 대화에서는 보통 じゅっ를 씁니다. 일람표에서는 じゅっ로 통일합니다.

시(時)	
1 いちじ	2 にじ
3 さんじ	4 よじ
5 ごじ	6 ろくじ
7 しちじ	8 はちじ
9 くじ	10 じゅうじ
11 じゅういちじ	12 じゅうにじ
13 じゅうさんじ	14 じゅうよじ
15 じゅうごじ	16 じゅうろくじ
17 じゅうしちじ	18 じゅうはちじ
19 じゅうくじ	20 にじゅうじ
21 にじゅう・いちじ	22 にじゅう・にじ
23 にじゅう・さんじ	24 にじゅう・よじ
何	なんじ

분(分)			
1	いっぷん	2	にふん
3	さんぷん	4	よんぷん
5	ごふん	6	ろっぷん
7	ななふん	8	はちふん はっぷん
9	きゅうふん	10	じゅっぷん
11	じゅういっぷん	12	じゅうにふん
13	じゅうさんぷん	14	じゅうよんぷん
15	じゅうごふん	16	じゅうろっぷん
17	じゅうななふん	18	じゅうはちふん じゅうはっぷん
19	じゅうきゅうふん	20	にじゅっぷん
30	さんじゅっぷん	40	よんじゅっぷん
50	ごじゅっぷん	60	ろくじゅっぷん
70	ななじゅっぷん	80	はちじゅっぷん

90	きゅうじゅっぷん	100	ひゃっぷん
1000	せんぷん	10000	いちまんぷん
何		なんぷん	

개(個)

1	いっこ	2	にこ
3	さんこ	4	よんこ
5	ごこ	6	ろっこ
7	ななこ	8	はちこ / ぱっこ
9	きゅうこ	10	じゅっこ
11	じゅういっこ	12	じゅうにこ
13	じゅうさんこ	14	じゅうよんこ
15	じゅうごこ	16	じゅうろっこ
17	じゅうななこ	18	じゅうはちこ / じゅうぱっこ
19	じゅうきゅうこ	20	にじゅっこ
30	さんじゅっこ	40	よんじゅっこ
50	ごじゅっっこ	60	ろくじゅっっこ

70	ななじゅ￢っこ	80	はちじゅ￢っこ
90	きゅうじゅ￢っこ	100	ひゃ￢っこ
1000	ぜ￢んこ	10000	いちまんこ
何		なんこ	

개(つ)

1	ひと￢つ	2	ふたつ￢
3	みっつ￢	4	よっつ￢
5	いつ￢つ	6	むっつ￢
7	なな￢つ	8	やっつ￢
9	ここ￢のつ	10	と￢お

- 미고형의 단어는 부사로 쓰일 시 평판형으로 발음

회(回)			
1	いっか﹅い	2	にが﹅い
3	さんか﹅い	4	よんか﹅い
5	ごか﹅い	6	ろっか﹅い
7	なな か﹅い / なな﹅かい	8	はち か﹅い / はっか﹅い
9	きゅうか﹅い	10	じっか﹅い / じゅっか﹅い
11	じゅういっか﹅い	12	じゅうにか﹅い
13	じゅうさんか﹅い	14	じゅうよんか﹅い / じゅうよ﹅んかい
15	じゅうごか﹅い	16	じゅうろっか﹅い
17	じゅうなな か﹅い / じゅうなな﹅かい	18	じゅうはち か﹅い / じゅうはっか﹅い
19	じゅうきゅうか﹅い / じゅうきゅ﹅うかい	20	にじゅ﹅っかい
30	さんじゅ﹅っかい	40	よんじゅ﹅っかい

50	ごじゅ￢っかい		60	ろくじゅ￢っかい
70	ななじゅ￢っかい		80	はちじゅ￢っかい
90	きゅうじゅ￢っかい		100	ひゃっか￢い
1000	ぜ￢んかい せんか￢い		10000	いちまんかい
何	な￢んかい / なんか￢い			

- か에 핵이 있는 것들은 부사로 쓰일 시 평판형으로 발음

층(階)			
1	いっかい	2	にかい
3	さんがい	4	よんかい
5	ごかい	6	ろっかい
7	ななかい	8	はちかい はっかい
9	きゅうかい	10	じゅっかい
11	じゅういっかい	12	じゅうにかい
13	じゅうさんがい	14	じゅうよんかい
15	じゅうごかい	16	じゅうろっかい
17	じゅうななかい	18	じゅうはちかい じゅうはっかい
19	じゅうきゅうかい	20	にじゅっかい
30	さんじゅっかい	40	よんじゅっかい
50	ごじゅっかい	60	ろくじゅっかい

70	ななじゅっかい	80	はちじゅっかい
90	きゅうじゅっかい	100	ひゃっかい
1000	せんかい	10000	いちまんかい
何	なんかい / なんがい		

동음이의어 악센트

대표적인 동음이의어 30쌍

ⓒ = 두고형 / ㉗ = 중고형 / ⓜ = 미고형 / ㉠ = 평판형

ⓒ き が (木が) 나무가	㉠ きが (気が) 기분이
ⓒ ひ が (火が) 불이	㉠ ひが (日が) 해가
ⓒ は が (歯が) 이가	㉠ はが (葉が) 잎이
ⓒ あめが (雨が) 비가	㉠ あめが (飴が) 사탕이

ⓒ はしが (箸が) 젓가락이	ⓜ はし が (橋が) 다리가	㉠ はしが (端が) 가장자리가

ⓜ はな が (花が) 꽃이	㉠ はなが (鼻が) 코가
ⓒ か き が (牡蠣が) 굴이	㉠ かきが (柿が) 감이

ⓒ か み が (神が) 신이	ⓜ かみ が (紙が) 종이가	ⓜ かみ が (髪が) 머리카락이

ⓒ あ か が (赤が) 빨강이	ⓜ あか が (垢が) 때가
ⓒ あじが 전갱이가	㉠ あじが (味が) 맛이
ⓒ せ き が (席が) 자리가	ⓜ せき が (咳が) 기침이
ⓒ さ け が (鮭が) 연어가	㉠ さけが (酒が) 술이
ⓒ か れいが (鰈が) 가자미가	㉠ カレーが 카레가

ⓒ ずいかが(suicaが) 스이카가	ⓟ スイカが 수박이
ⓒ さとうが(佐藤が) 사토가	ⓩ さとうが(砂糖が) 설탕이
ⓒ いじょう(以上) 이상	ⓟ いじょう(異常) 이상
ⓒ パンツが 팬티가	ⓟ パンツが 바지가
ⓒ はる(春) 봄	ⓟ はる(貼る) 붙이다
ⓒ いつか 언젠가	ⓟ いつか(5日) 5일
ⓒ いくら 얼마	ⓟ いくら 연어알
ⓩ いちばん(一番) 1번	ⓟ いちばん(一番) 가장
ⓒ いっぱい(一杯) 1잔	ⓟ いっぱい 가득
ⓩ ちかい(近い) 가깝다	ⓟ ちかい(誓い) 맹세
ⓒ かう(飼う) 기르다	ⓟ かう(買う) 사다
ⓒ かえる(帰る) 돌아가다, 돌아오다	ⓟ かえる(蛙) 개구리
ⓟ かえる(変える) 바꾸다	ⓟ かえる(買える) 살 수 있다
ⓒ よんで(読んで) 읽고	ⓟ よんで(呼んで) 부르고
ⓒ はく(吐く) 토하다	ⓟ はく(履く) 신다

㉢ き｀る (切る) 자르다	㉣ きる (着る) 입다
㉢ な｀なる 되다	㉣ なる (鳴る) 울리다
㉣ はれ｀る (晴れる) 날이 개다	㉣ はれる (腫れる) 붓다

한 끗 차이
일본어 발음